# RAUCHZEICHEN
## DAS SPIEL MIT DEM FEUER

GRILLEN, KOCHEN, RÄUCHERN

# RAUCHZEICHEN
## DAS SPIEL MIT DEM FEUER

GRILLEN, KOCHEN, RÄUCHERN

TEXT ANGELO MENTA     FOTOS HUBERTUS SCHÜLIR

SMOKER

POTJIE

EISENPFANNE

DUCH OVEN 12"

GRILLPLATTE

DUCH OVEN 10"

GUSSPFANNE

GUSSTOPF 6"

# INHALT

FEUER UND FLAMME FÜR RAUCH!

# DAS SPIEL MIT DEM FEUER

Feuer ist irgendwie magisch. Nur die wenigsten können sich dieser Magie entziehen – fast jeder fühlt sich von einem prasselnden Feuer angezogen. Das ist schon von Kindesbeinen an so und ändert sich auch im Laufe des Lebens nicht. Sobald es qualmt und brennt, entsteht nahezu reflexartig der Wunsch, irgendwas zu rösten, zu grillen oder zu räuchern. Ein Feuerchen verspricht Spaß, bildet zuverlässig sofort den zentralen Mittelpunkt in einer Gruppe von Menschen, die sich beispielsweise von einer Wanderung ausruhen oder ihr Zelt aufschlagen, um zu rasten. Natürlich muss man nicht erst gezwungenermaßen wandern oder zelten, um sich die Berechtigung zu einem Lagerfeuer zu erkämpfen, aber auch ein lustiges Zusammentreffen auf der Wiese, im Garten oder sonst irgendwo unter freiem Himmel ist ohne ein richtiges Feuer einfach nicht komplett.

Eine Feuerstelle einrichten, Holz suchen, aufschichten und anzünden und das Feuer in Gang halten sind vergleichsweise kleine Mühen, die dich am Ende mit einer ehrlichen, kleinen Zufriedenheit belohnen und der gesamten Mannschaft ein wärmendes Feuer bescheren. Dass man auf so einem Feuer auch etwas braten kann, ist allgemein bekannt. Der Schritt zum Grill ist dann auch nicht mehr weit und besteht nur aus ein paar Steinen und einem Rost. Auf diesem Grill befinden sich zumeist die üblichen Verdächtigen Wurst und Steak, hin und wieder auch ein paar Stücke Paprika und etwas Brot zum Anrösten. Alles gut und lecker, aber wenn wir zu Hause am Herd kochen, hört die Fantasie ja auch nicht bei der Bratwurst auf. Zudem wird bei dem mittlerweile riesigen Angebot an teuren Luxusgrills auch gern übersehen, dass man mit einem simplen Feuerchen, einer alten Eisenpfanne und ein paar ausgedienten Töpfen auf einem Rost manchmal Großartiges zaubern kann.

Dieses Buch handelt deshalb davon, die Küche wieder nach draußen zu bringen, wo sie ursprünglich ja mal herkam. Es geht manchmal auch um teilweise jahrhundertealte Kochtechniken aus aller Welt, die es zu betrachten lohnt und die uns befähigen sollen, abwechslungsreiche Gerichte auf dem offenen Feuer oder der Glut zu zaubern, die einem das Wasser im Mund zusammenlaufen lassen.

Die vorgestellten Utensilien und Methoden stellen eine breite Auswahl der Möglichkeiten dar, die die Draußenküche bietet. Wer sich näher mit dem Thema befasst, wird schnell feststellen, wie vielfältig und kreativ auf der ganzen Welt mit Feuer und Glut gekocht wird, und läuft durchaus Gefahr, in Zukunft das Feuer dem heimischen Herd vorzuziehen.

So lockt man mit Rauchzeichen Gäste!

Die Mission:
ein flammendes Inferno.

# DIE GESCHICHTE VOM FEUERMACHEN

Eigentlich muss es „vom Kochfeuermachen" heißen. Denn im Gegensatz zum Lagerfeuer, bei dem man praktisch alles verheizen kann, kommen für ein gutes Kochfeuer nur ein paar besondere Hölzer infrage. Das sind Laubhölzer, die hart genug sind, uns das zu liefern, womit sich gut arbeiten lässt: eine gute, heiße und langlebige Glut! Über dieser Glut wird gekocht – und nicht über der Flamme. Wobei es natürlich auch Ausnahmen gibt, wie zum Beispiel bei einigen saarländischen und pfälzischen „Schwenkern", die direkt über dem Buchenholzfeuer grillen. Durch das Schwenken wird das Grillgut trotz der ungleichmäßigen Hitze des Feuers gleichmäßig gegart und zusätzlich mit intensiven Raucharomen versorgt.

Auch der Gulaschkessel verträgt offenes Feuer gut. Er wird zwar ziemlich verrußen, lässt sich aber auch leicht wieder reinigen. Natürlich kann man praktisch über jedem beliebigen Feuer einen Topf erhitzen oder eine Wurst braten. Will man aber einigermaßen kontrolliert mit Holz kochen oder grillen, kommt man nicht umhin, sich das entsprechende Gewächs zu besorgen. Nadelhölzer wie Fichte oder Kiefer oder Bauholz wie alte Dachlatten, Schalttafeln oder Ähnliches sind nur bedingt zum Kochen geeignet. Sie verbrennen viel zu schnell und liefern keine gute Glut. Für ein schnelles Wärmefeuer oder zum Wasserkochen kann man sie aber verwenden.

Gutes Holz zum Kochen ist hart und trocken, die einzelnen Scheite sollten möglichst gleich groß sein. Dadurch verbrennt das Holz gleichmäßig und man hat die beste Glutausbeute, ohne qualmende Stücke dazwischen, die noch nicht verbrannt sind. Sehr gut eignet sich getrocknetes Kaminholz. Top sind Buche, Eiche und Esche, aber auch trockene Obsthölzer eignen sich hervorragend.

*Eine Übersicht über die heimischen Hölzer gibt's auf der nächsten Seite.*

HIER EINE KLEINE AUFLISTUNG DER
GEEIGNETEN UND EHER UNGEEIGNETEN
HEIMISCHEN HÖLZER:

**AHORN**          schöne Flamme, gute Glut

**BIRKE**          brennt schnell und heiß, gute Glut, helle, bläuliche Flamme

**BUCHE**          gutes Brennholz, viel gute, haltbare Glut, brennt etwas schneller
                   ab als Eiche, auch gut zum Räuchern

**EICHE**          brennt langsam, bei größerem Feuer gute, sehr haltbare Glut

**ERLE**           brennt schnell ab, kaum gute Glut

**ESCHE**          gute, haltbare Glut wie Buche, schöne Flamme

**FICHTE**         brennt schnell an, gut zum Feueranzünden, bildet aber keine Glut

**KIEFER**         lebhafte Flamme, wenig haltbare Glut, verbrennt schnell,
                   starke Rußentwicklung

**LÄRCHE**         Eigenschaften wie Fichte

**OBSTHÖLZER**     sehr gutes Grillholz, gute, heiße Glut, feine Aromen
                   (Kirsche, Apfel, Birne, Pflaume etc.)

**TANNE**          lebhafte Flamme, praktisch keine Glut, gibt viel Rauch und ist
                   schnell verbrannt

**WEIDE**          helle, schnelle Flamme, lässt sich leicht entzünden, praktisch
                   keine Glut

TROCKENES HARTHOLZ
BRENNT MIT WENIG RAUCH
UND LIEFERT GUTE GLUT.

Ein alter Hase beim Feuerkochen:
der Gulaschkessel.

# SPIELZEUG FÜR DRAUSSEN: PFANNEN, TÖPFE UND CO.

Prinzipiell kann man zum Draußenkochen die gleichen Töpfe und Pfannen verwenden, die man auch zu Hause am Herd benutzt. Vorausgesetzt, man verwendet nichts mit Plastikgriffen und kocht ausschließlich über der Glut, hält sich die Verschmutzung der Töpfe auch in Grenzen. Tatsächlich kommt es aber natürlich immer wieder vor, dass in der Glut Flammen entstehen, die die Töpfe dann stark verrußen lassen.

Auch wenn man kurzzeitig eine starke Hitze benötigt, zum Beispiel beim Anbraten, empfiehlt es sich, ein paar dünne Holzstücke unter die Pfanne auf die Glut zu legen, um die starke Hitze des dadurch entstehenden Feuers auszunutzen. Deshalb sollte man sich ein kleines Sortiment an Draußentöpfen und -pfannen zulegen, mit dem man die gängigsten Gerichte zubereiten kann.

Als **PFANNE** empfehle ich eine große Eisenpfanne aus geschmiedetem Stahl. Sie sollte möglichst dickwandig sein, damit sie sich beim Erhitzen nicht verzieht. Diese Pfanne ist günstig zu kaufen, kann sehr stark erhitzt werden und eignet sich perfekt für Bratkartoffeln oder um Steaks anzubraten. Wichtig ist, die Pfanne gut einzubrennen – am besten draußen!

Das geht so: Zuerst die Pfanne gut mit heißem Wasser und Spülmittel reinigen, um die bei der Herstellung entstandenen Ölrückstände und das Schutzwachs grob zu entfernen. Die trockene Pfanne auf den Grillrost stellen und stark erhitzen, bis sie aufhört zu rauchen. Eine Handvoll Salz in die Pfanne geben und das Salz schwenken, bis es etwas braun geworden ist (ca. 10 Minuten). Das Salz wegwerfen, die Pfanne etwas abkühlen lassen und ein stark erhitzbares Öl (zum Beispiel Erdnussöl) großzügig in die Pfanne geben. Die Pfanne wieder auf den Rost stellen und wieder, jetzt mit dem Öl darin, stark erhitzen, bis das Öl dunkel wird. Dabei das Öl vorsichtig schwenken, damit auch der hohe Rand der Pfanne etwas von dem Öl abbekommt. Die Pfanne sollte jetzt auch ihre Farbe verändert haben und wesentlich dunkler sein als zuvor.

Jetzt 2–3 gute Handvoll Kartoffelschalen in die Pfanne geben. Der Boden muss gut bedeckt sein. Die Kartoffelschalen braten, bis sie schwarz sind, dabei die Pfanne öfter schwenken. Die Schalen wegwerfen und die Pfanne mit Papiertüchern auswischen. Etwaige Bratansätze mit einem Holzspatel entfernen, fertig. Die Pfanne kann jetzt benutzt werden.

Man sollte es jedoch vermeiden, säurehaltige Speisen wie zum Beispiel Tomatensoße oder Obst darin zuzubereiten. Zum einen schmeckt das fies metallisch und zum anderen zerstört die Säure die mühsam eingebrannte Schutzschicht. Die Pfanne wird mit jeder Benutzung immer besser und steht einer antihaftbeschichteten Pfanne in nichts nach.

Aus einer gut eingebrannten Eisenpfanne gleiten Spiegeleier wie von selbst auf den Teller. Steaks bekommen eine wunderbare Kruste und Bratkartoffeln aus einer Eisenpfanne sind mit das Beste, was einer Kartoffel widerfahren kann! Die Eisenpfanne darf nur mit heißem Wasser gereinigt werden, da auch Spülmittel die wichtige Schutzschicht zerstören. Sollte die Pfanne irrtümlich doch mal mit Spülmittel gereinigt worden sein, muss man das Einbrennen wiederholen.

## WEITERE UTENSILIEN

Herkömmliche **EDELSTAHLTÖPFE** mit einem etwas dickeren Boden eignen sich gut zum Draußenkochen. Sie lassen sich leicht reinigen, sollten aber keine Plastikgriffe haben, die über dem Feuer schmelzen könnten. Die passenden Deckel können auch Kunststoffgriffe haben, denn sie befinden sich ja beim Einsatz über dem Topf und nicht über dem Feuer. Gut wären zum Beispiel

- ein flacher Schmortopf mit einem Durchmesser von 24 cm,
- eine kleine Stielkasserolle mit einem Durchmesser von 14 cm, beispielsweise für Soßen, und
- ein mittelgroßer Kochtopf mit einem Durchmesser von 20 cm für alles Mögliche.

Ein einfacher **GANSBRÄTER** mit Siebeinsatz ist prima zum Vorgaren von Fleisch oder zum Dämpfen von Fisch. Hierbei einfach etwas Wasser, Fond oder Wein in den Bräter geben, den Siebeinsatz einlegen, das Fleisch oder den Fisch auf den Siebeinsatz legen und den Deckel schließen.

Eine **BESCHICHTETE PFANNE** eignet sich gut für Fisch, Crêpes, Pfannkuchen oder frisches Obst.

Eine **GRILLPLATTE** aus Gusseisen, gern auch emailliert, ist ein vielseitiges Werkzeug, das sich gut für Steaks, Brotfladen, Obst, zum Backen von Tortillas, zum Auslassen von Frühstücksspeck und für noch vieles mehr eignet. Sie sollte nicht zu klein sein, 50 x 40 cm ist eine gute Größe. Auch eine Grillplatte sollte eingebrannt werden, wenn sie nicht emailliert ist (siehe Eisenpfanne).

Ein dickwandiger (2 mm) **KUPFERTOPF** ist zwar eine teure Anschaffung, ist aber wie geschaffen für das Draußenkochen. Er benötigt nur wenig Hitze, um beispielsweise Soßen am Köcheln zu halten, und die Speisen bleiben im Topf viel länger heiß. Die Hitze verteilt sich aufgrund der guten Wärmeleitfähigkeit des Kupfers auf den ganzen Topf, wodurch sich die Gefahr des Anbrennens verringert und auch ein sehr gleichmäßiges Garen ermöglicht wird. Handelsübliche Kupfertöpfe sind in der Regel innen verzinnt – also keine Angst vor giftigem Grünspan! Einige sind auch mit Edelstahl beschichtet (zum Beispiel die Produkte von De Buyer).

**GULASCHKESSEL** gibt es in verschiedenen Größen und Ausführungen – aus Stahlblech, Edelstahl, Kupfer, Aluminium oder Eisen. Ich habe mit der einfachen, emaillierten Stahlblechvariante sehr gute Erfahrungen gemacht. Für 8–10 Personen ist ein 15-Liter-Topf ausreichend. Ein passender Deckel sollte dabei sein. Traditionell wird ein Gulaschkessel über eine verstellbare Kette an einem Dreibein aufgehängt. Im Gulaschkessel kann man

OHNE HANDSCHUHE GEHT NICHTS.

DIE GRILLPLATTE IST
BEIDSEITIG VERWENDBAR.

SMOKER GIBT ES IN VIELEN
FORMEN UND GRÖSSEN.

natürlich nicht nur Gulasch zubereiten. Er eignet sich für jede Art von Suppen oder Eintöpfen oder auch einfach als Heißwasserlieferant, was im Garten oder auf der Wiese nicht ganz unpraktisch ist.

Der **DREHSPIESS** war bereits in den altertümlichen Küchen des Mittelalters ein unverzichtbares Accessoire. Da das Bratgut am Spieß eher langsam gegart wird, stellte sich das Drehen von Hand schnell als zeitaufwendige Beschäftigung dar, weshalb alternative Antriebe die Fantasie von Köchen und Konstrukteuren beflügelten. Selbst Leonardo da Vinci war sich nicht zu schade, einen Spießantrieb zu entwickeln. Es wurde mit Windkraft gearbeitet, mit Gewichten, uhrwerkähnlichen Mechaniken, Heißluft und Wasserrädern – und auch mit Tieren in Laufrädern. In England wurde mit dem Turnspit Dog sogar eine eigene Hunderasse gezüchtet, die einzig und allein den Zweck hatte, einen Drehspieß im Laufrad anzutreiben. Was für ein Hundeleben!

Mit der Entwicklung mechanischer Drehspieße wurden die Turnspit Dogs arbeitslos und sind inzwischen ausgestorben. Der große Vorteil des Drehspießes liegt darin, dass das Fett des Bratens weniger abtropft, er sich dadurch praktisch von selbst bepinselt und uns eine grandiose Kruste beschert. Zudem befindet sich der Braten, im Gegensatz zum Backofen, nicht in einer geschlossenen, dampfig-feuchten Atmosphäre, sondern an der Luft, was die Krustenbildung immens begünstigt. Heutzutage werden Drehspieße meistens mit Elektromotoren angetrieben. Handelsübliche Grillmotoren mit Batterie- oder Akkubetrieb sind erstaunlich kraftvoll und schaffen es auch, eine schwere Keule über Stunden gleichmäßig zu drehen. Wichtig beim Spießbraten ist das Finden der geeigneten Temperaturzone. Das Bratstück befindet sich in der Regel nie direkt über dem Feuer, sondern immer davor oder dahinter. Da das Braten am Spieß mehrere Stunden dauern kann, muss das Feuer auch immer in Gang gehalten werden, was jedoch wesentlich einfacher als stundenlanges Kurbeln ist.

Ein echtes Barbecue funktioniert nur mit einem **HAUBEN-GRILL,** einem **SMOKER** oder einer Kombination aus beidem (zum Beispiel Napoleon Apollo, Weber Smokey Mountain). Ursprünglich wurde das Fleisch übrigens über einer Erdgrube gegart, in der ein Feuer vor sich hinqualmte. Das Fleisch lag auf Stöcken über der Grube und wurde mit Blättern oder Ähnlichem abgedeckt. Auch toll! Im Gegensatz zum Grillen sind die Gartemperaturen beim Barbecue wesentlich geringer und durch die geschlossene Haube entsteht eher ein Backofeneffekt mit Rauch. Die Temperatur liegt zwischen 100 und 130 °C und die durch beispielsweise Räucherchips entstehenden Raucharomen geben dem Bratgut den typischen Geschmack.

So ein Barbecue ist nichts für Ungeduldige. Meistens wird Schweinefleisch verwendet und der Garvorgang dauert mehrere Stunden. Das Ziel ist, das Fleisch so weich zu garen, dass es praktisch vom Knochen fällt.

Der Smoker eignet sich auch zum Aromatisieren. Ein gekochtes, mageres Stück Kalbfleisch, bei niedriger Temperatur mit viel Rauch für 2 Stunden „angesmokt", kann zu einem grandiosen „Smoked Vitello tonnato" verarbeitet werden. Hamburger werden, kurz bei geschlossener Haube und etwas Rauch gegrillt, sehr saftig und würzig.

## WICHTIGES ZUBEHÖR

Ein paar gute, lange **GRILLHANDSCHUHE** aus Leder (wie von Rösle) erleichtern das Draußenkochen ungemein. Selbst glühende Scheite lassen sich damit platzieren und durch die langen Stulpen sind die empfindlichen Unterarme perfekt vor der Hitze des Feuers geschützt. Auch das Hantieren mit heißen Rosten und Töpfen oder der Feuerschale ist dann kein Problem mehr.

Unabdingbar beim Arbeiten mit glühenden Kohlenstücken ist eine lange **GRILLZANGE.** Auch Fleischstücke sollten mit einer Grillzange gewendet werden und nicht etwa mit einer Gabel, weil dadurch der gute Fleischsaft austritt und das Fleisch trocken wird.

Besonders beim Kochen mit dem Dutch Oven empfiehlt sich der Einsatz eines **ANZÜNDKAMINS.** Damit werden Kohlen schnell zum Glühen gebracht, ohne dass erst ein Feuer entfacht werden muss. Bei mehreren Gästen oder wenn man mehrere Töpfe oder Grills beschicken will, sollte man sich mindestens zwei dieser preiswerten Helfer zulegen.

Ein **DECKELHEBER** aus Stahl ist sehr sinnvoll, um die mit glühenden Kohlen belegten Deckel von Dutch Oven und Potjie anzuheben.

Zwei flache, breite (10 cm) **SPACHTEL** sind idea dafür geeignet, beispielsweise Burger zu wenden oder Pfannkuchen und Crêpes von der Grillplatte zu lösen. Das können einfache Malerspachtel oder entsprechende Produkte aus der Gastronomie sein.

EIN PAAR PRAKTISCHE UTENSILIEN ERLEICHTERN DAS KOCHEN AUF DEM FEUER IMMENS.

UNVERZICHTBAR: DER ANZÜNDKAMIN.
AM BESTEN HAT MAN FÜR AUSREICHEND
GLÜHENDE KOHLEN GLEICH ZWEI PARAT.

VIEL HOLZ GIBT VIEL GLUT!
DAS WOLLEN WIR HABEN!

# DIE FEUERSCHALE

Schon praktisch, so eine Feuerschale! Man kann sie fast überall im Garten hinstellen und ein Feuer darin entfachen, ohne den darunterliegenden Boden komplett zu ruinieren. Zudem ist das Feuer auch noch eingefasst, wie das bei einem guten Lagerfeuer sein sollte, und bei Bedarf trägt man die ganze Schale samt Feuer einfach woanders hin. Diese Schalen sind meistens aus Stahl gefertigt und in allen möglichen Größen zu erwerben.

In der Regel stehen Feuerschalen auf drei Beinen, sodass sie auch auf schlechtem Untergrund nicht kippeln oder umfallen können. Durch ihre Form sind sie perfekt dazu geeignet, um darauf zu kochen oder zu grillen.

Passende Roste gibt es schon für kleines Geld zu kaufen, meist gleich in dem Baumarkt oder Gartencenter, in dem man auch die Feuerschale ausgesucht hat. Nach dem Kochen oder Grillen kann man den Rost einfach abnehmen, um ein wunderschönes Lagerfeuer zu entfachen, was einen normalen Grill doch ziemlich schnell ruinieren würde.

Meine Feuerschale hat einen Durchmesser von einem Meter, wodurch ich genügend Fläche zur Verfügung habe, um mehrere Töpfe und Pfannen darauf zu platzieren. Auch wenn man für mehr als vier Personen ausgiebig grillen will, ist so ein großer Rost sehr nützlich, weil neben Steaks und Würstchen beispielsweise auch noch Paprika, gefüllte Champignons, Zucchini, Schafskäse in der Folie und Brot Platz finden.

Ein großer Vorteil bei der Feuerschale ist, dass man verschiedene Temperaturzonen einrichten kann. So kann sich beispielsweise in einem Drittel der Schale viel heiße Glut zum Grillen, Anbraten oder heiß Kochen befinden, in einem anderen Drittel ist weniger Glut zum langsamen Schmoren und im letzten Drittel noch weniger Glut zum Warmhalten oder Ziehenlassen.

Wichtig ist dabei auch, etwa fingerdickes, trockenes Holz in ausreichender Menge bereitliegen zu haben, um neue, heiße Glut zu produzieren oder um richtig Gas zu geben, wenn man mal kurzzeitig viel Hitze unter der Pfanne braucht. Da ein runder Rost jedoch die Feuerschale komplett abdeckt, wird es schwierig, die Glut zu kontrollieren. Deshalb habe ich etwa ein Fünftel des Rostes abgeschnitten, wodurch eine Öffnung im Rost entsteht, die groß genug ist, um in der Glut herumzustochern oder um Holz nachzulegen. An der abgeschnittenen Seite der beiden Segmente habe ich einen Steg zur Verstärkung anschweißen lassen, wodurch die Roste wieder fest und stabil werden. An der runden Seite des kleinen Segments habe ich noch drei etwa 40 cm lange Vierkantstahlstäbe angebracht, die es ermöglichen, das Segment mit kleinen Schraubzwingen in der gewünschten Höhe am großen Rost zu befestigen. Dadurch entsteht eine weitere warme Ablage für Kochzutaten oder um Steaks ruhen zu lassen. Damit der Rost gleichmäßig und satt auf dem Rand der Feuerschale aufliegt, habe ich zudem noch einige Stahlwinkel anschweißen lassen. So kann der Rost auch nicht herunterrutschen, was bei voll belegter Fläche sonst sicher für ein Abkühlen der Stimmung bei der Grillparty sorgen würde.

Um eine angenehme Arbeitshöhe zu haben, empfiehlt es sich, die Feuerschale zusätzlich auf einige flache Steine oder Backsteine zu stellen. Wichtig ist hierbei, die Schale so gerade wie möglich auszurichten, da ansonsten das Fett in der Pfanne oder dem Topf immer auf eine Seite des Topfbodens läuft. Entweder benutzt man hierfür eine Wasserwaage – oder man stellt einfach eine Pfanne mit einem Schuss Wasser darin auf den Rost. Bedeckt das Wasser gleichmäßig den kompletten Pfannenboden, ist die Schale gut ausgerichtet und man kann loslegen.

Zum Feuermachen nimmt man den Rost besser ab und legt ihn erst wieder auf, wenn das Holz heruntergebrannt ist und man grob die gewünschten Temperaturzonen zurechtgeschoben hat. Das Feuer sollte nicht zu klein sein – besser zu viel Glut als zu wenig! Ich verwende zum Feuerkochen am liebsten viel trockenes Eichenholz, weil die Glut sehr lange hält. Welche Hölzer sonst noch gut geeignet sind, steht im Kapitel „Die Geschichte vom Feuermachen".

NA DANN: VIEL SPASS MIT DEM 4-ZONEN-OUTDOOR-HERD!

Zum Grillen und Kochen: Der Outdoor-Herd.

PERFEKTE HELFER – EINMAL
MIT UND EINMAL OHNE MÜTZE.

GUTE GRILLBRIKETTS
EIGNEN SICH BESTENS FÜR
DEN DUTCH OVEN!

GUSSEISEN – DAS IDEALE MATERIAL FÜR
LANGSAMES, SCHONENDES KOCHEN AM FEUER.

# POTJIE, DUTCH OVEN ETC.

Das Potjie und der Dutch Oven können ihre gemeinsame Herkunft nur schwer verbergen: drei Beine, gusseisern, schwerer, gut schließender Deckel und zur Verwendung am Feuer gemacht. Beide Bezeichnungen legen den Verdacht nahe, dass der Ursprung dieser tollen Töpfe in den Niederlanden zu finden ist. Das mag kolonialhistorisch auch richtig sein – tatsächlich aber finden sich praktisch identische Töpfe überall auf der Welt.

So nennt man massive Töpfe mit oder ohne Füßchen daran in Argentinien „Caldera", der Balkan liebt die „Peka" oder „Sač", die Dänen lieben ihren „Jydepott" und auf Bildern in alten Kochbüchern wie der „Kuchenmaisterey" von 1544 oder dem italienischen Buch „Opera" von 1560 ist der schon seit dem 12. Jahrhundert bekannte dreibeinige „Grapen" ständig zu sehen. Griechische Dreifüße aus Bronze und Ton kannte man schon im 13. Jahrhundert vor Christus. Somit kamen wohl mehrere schlaue Köpfe schon vor sehr langer Zeit auf die gleiche gute Idee, sich ein zusätzliches Gestell zu sparen, das es ermöglicht, den Topf auf die Glut zu stellen, und spendierten ihren Kesseln aus Bronze, Ton, Kupfer oder später Gusseisen einfach drei Beine, die auch nicht wackeln können.

Der Clou nun beim Potjie beispielsweise liegt darin, dass sich durch die bauchige Form immer etwas Flüssigkeit am Topfboden befindet und so praktisch nichts anbrennen kann. Die Hitzezufuhr ist darüber hinaus eher gering, ein paar Kohlestückchen genügen zum schonenden Garen. Durch den schweren Deckel arbeiten Potjie, Dutch Oven und Co. auch eher wie Dampfkochtöpfe und die Zugabe von Flüssigkeit ist – wenn überhaupt – nur in geringen Mengen erforderlich.

Deshalb eignen sich derartige Töpfe am besten für jede Art von Schmorgerichten, Eintöpfen und Stews. Das Schöne ist, dass man sich praktisch um nichts mehr kümmern muss, sobald das Potjie gefüllt ist und über der Glut steht. Hin und wieder muss ein Stückchen Kohle nachgelegt werden – das war's aber schon. Außerdem sind Dutch Oven und Potjie so konzipiert, dass man auch auf den Deckel Kohlen legen kann, wodurch sich eine gleichmäßige Hitzeverteilung ergibt. Wie im Ofen eben! Als grobe Faustregel für den Dutch Oven gilt: ein Drittel Kohlen unter den Topf und zwei Drittel Kohlen auf den Deckel legen. Durch die so entstehende Oberhitze kann man auch ganz hervorragend Gratinieren.

Im Handel gibt es verschiedene Dutch-Oven-Größen, die meistens in Zoll angegeben sind. Gute Universalgrößen sind 10 Zoll für etwa 4–6 Personen oder 12 Zoll für etwa 8–10 Personen.

Für die Temperaturrichtwerte hier eine Tabelle – der obere Wert gibt die Gesamtzahl der Kohlenstücke an, die beiden Werte darunter stehen für „Kohlenstücke auf dem Deckel" und „Kohlenstücke unter dem Topf".

| Größe | Temperatur | | | | | |
|-------|--------|--------|--------|--------|--------|--------|
| | 160 °C | 175 °C | 190 °C | 205 °C | 220 °C | 235 °C |
| 8er | 15 10/5 | 16 11/5 | 17 11/6 | 18 12/6 | 19 13/6 | 20 14/6 |
| 10er | 19 13/6 | 21 14/7 | 23 16/7 | 25 17/8 | 27 18/9 | 29 19/10 |
| 12er | 23 16/7 | 25 17/8 | 27 18/9 | 29 19/10 | 31 21/10 | 33 22/11 |
| 14er | 30 20/10 | 32 21/11 | 34 22/12 | 36 24/12 | 38 25/13 | 40 26/14 |
| 16er | 34 22/12 | 36 24/12 | 38 25/13 | 40 27/13 | 42 28/14 | 44 30/14 |

## BEISPIEL: DUTCH OVEN 12"

Zieltemperatur 190 °C = 27 Kohlenstücke gesamt, davon 18 Kohlenstücke auf den Deckel und 9 Kohlenstücke unter den Topf legen

Bei zwei zusätzlichen Kohlenstücken erhöht sich die Temperatur um etwa 15 °C.

Diese Tabelle soll jedoch nur Richtwerte angeben. Die richtige Hitzeverteilung ist nämlich auch von der Art des Kochguts abhängig. Soll gebacken werden, sind die Werte in der Tabelle genau richtig – also ein Drittel der Kohlen unter den Topf und zwei Drittel auf den Deckel. Für Stews, Chilis, Eintöpfe, Gulasch oder Ähnliches können mehr Kohlen unter den Topf wandern – also etwa eine Hälfte unten, eine Hälfte oben – oder bei sehr flüssigen Suppen auch zwei Drittel unten, ein Drittel oben. Bei Schmorgerichten sollte die Verteilung etwa eine Hälfte unten und eine Hälfte oben sein. Allerdings nur, wenn sich auch genügend Flüssigkeit im Topf befindet. Die Temperaturen sind auch von der Jahreszeit und den Windverhältnissen abhängig. Es empfiehlt sich deshalb, den Dutch Oven möglichst windgeschützt aufzustellen.

Klingt alles viel komplizierter, als es ist! Im Prinzip gilt: Je mehr Flüssigkeit im Topf ist, desto mehr Kohlen können darunterliegen. Nicht übertreiben, der Dutch Oven wird auch mit wenigen Kohlen heißer, als man denkt! Durch die massive Bauart des Topfes verteilt sich die Hitze aber immer recht gleichmäßig, was das Kochen mit dem Dutch Oven eigentlich sehr leicht macht. Einfach ausprobieren! Zwei- bis dreimal kochen, dann hat man den Bogen raus und will für manche Gerichte bald gar keinen anderen Topf mehr benutzen!

Wird mit heissem Öl hantiert, ist natürlich besondere Vorsicht geboten. Ein Blick in die Sicherheitshinweise auf Seite 186 lohnt sich!

SIEHST DU DIE RAUCHZEICHEN?
DIE ANDEREN FANGEN SCHON AN!

# REZEPTE

# LAMMSCHULTER MIT KRÄUTERFÜLLUNG AUS DEM DUTCH OVEN

**ZUBEREITUNGSZEIT CA. 4 STUNDEN**

**ZUTATEN FÜR 4 PORTIONEN**

1 Lammschulter, ausgelöst/vom
Knochen befreit (ca. 800 g)

1 Bund Petersilie

je 1 Zweig Thymian und Rosmarin

abgeriebene Schale von

1 unbehandelten Zitrone

6 Knoblauchzehen

6 Schalotten

ca. 100 ml Olivenöl

Meersalz, Pfeffer aus der Mühle

200 g Lammfleischabschnitte,
ohne Sehnen

3 EL frisch geriebener Parmesan

2 Karotten

100 g Knollensellerie

2 EL Butterschmalz

500 ml Lammfond oder
Gemüsebrühe

2 Lorbeerblätter

10 cl Madeira

1 EL kalte Butter

**WERKZEUGE**

Mixer oder Pürierstab

Fleischwolf mit feiner Reibe

Küchengarn

Dutch Oven 12"

Holzkohlebriketts

Holzspatel

Passiersieb

Stieltopf/Stielkasserolle
(Edelstahl oder Kupfer)

Eine Lammschulter vernünftig auszulösen, um sie danach zu füllen, ist nicht die einfachste Übung. Die Form des Knochens ist durch das Schulterblatt eher ungleichmäßig und man sollte sich vorher gut überlegen, wo die ersten Schnitte anzusetzen sind. Ein wirklich scharfes Ausbeinmesser ist unverzichtbar und die Schulter sollte auch nicht zu klein sein. Natürlich macht das auch der Metzger, aber ich finde, man sollte so etwas auch selbst können. Im schlimmsten Fall braucht es später etwas mehr Garn, um die Fragmente wieder zu einem ganzen Braten zusammenzuschnüren, aber sonst kann ja eigentlich nichts weiter schiefgehen. Das Ergebnis wird trotzdem ein butterzartes und saftiges Stück Lammfleisch sein, das ganz wunderbar mit der Kräuterfüllung harmoniert.

**ZUBEREITUNG**   Lammschulter etwa 1 Stunde vor der Zubereitung aus der Kühlung nehmen, damit sie Zimmertemperatur annehmen kann. Petersilie, Thymian und gezupften Rosmarin in den Mixer geben. Den Zitronenabrieb dazugeben. 3 Knoblauchzehen und 3 Schalotten schälen, etwas zerkleinern und in den Mixer geben. Die restlichen Schalotten und Knoblauchzehen benötigen wir später zum Anbraten. Mixer anschalten und so viel Olivenöl dazugeben, bis eine dickflüssige Paste entstanden ist. Mit Salz und Pfeffer abschmecken. Lammfleischabschnitte durch die feine Scheibe des Fleischwolfs drehen oder sehr fein hacken. Das so entstandene Lammhack mit Kräuterpaste und geriebenem Parmesan vermischen. Lammschulter innen mit der Mischung bestreichen, einrollen und mit dem Garn gut umwickeln. Es sollte eine stabile, geschlossene Rolle entstehen. Fleischrolle mit einer geschälten Knoblauchzehe einreiben, salzen und pfeffern.

**FORTSETZUNG ZUBEREITUNG NÄCHSTE SEITE**

### FORTSETZUNG ZUBEREITUNG

Karotten, Sellerie und 3 Schalotten putzen und grob würfeln. 3 Knoblauchzehen schälen und leicht zerdrücken. Dutch Oven gut vorheizen (24 Holzkohlebriketts darunter). Das Butterschmalz darin erhitzen, das Fleisch einige Minuten von allen Seiten anbraten und wieder herausnehmen. Vorbereitetes Gemüse in den Dutch Oven geben, etwas anrösten, mit Lammfond oder Gemüsebrühe angießen und mit dem Holzspatel eventuell entstandenen Bratensatz lösen. Fleisch auf das Gemüse legen. Den Topfdeckel auflegen und mit 16 Holzkohlebriketts belegen – unter dem Topf sind nun also noch 8 Stücke Kohle. Die Lammschulter jetzt etwa 2,5 Stunden leise schmoren. Größere Stücke brauchen etwas länger. Etwa alle 30 Minuten die Fleischrolle im Topf drehen und – falls nötig – etwas kaltes Wasser oder Fond angießen. Wenn überhaupt, dann nur wenig Wein angießen, da die im Wein enthaltene Säure die Schutzschicht vom Dutch Oven angreifen kann. Wenn die Holzkohlebriketts verbraucht sind, neue nachlegen. Gute Holzkohlebriketts brennen bis zu 3 Stunden! Nach der Garzeit Braten herausnehmen und warm stellen. Den Bratenfond durch ein Sieb in einen Stieltopf (möglichst aus Edelstahl) passieren, Lorbeerblätter dazugeben und die Soße etwas reduzieren. Madeira dazugießen, vom Feuer nehmen, kalte Butter unterrühren (montieren) und mit Salz und Pfeffer abschmecken.

Das Fleisch auswickeln und in etwa 3 cm dicke Scheiben schneiden. Etwas Soße auf die Teller gießen, Fleisch darauflegen und servieren. Dazu passen hervorragend Rosmarinkartoffeln, Kartoffelgratin, Rösti, grüne Bohnen, Tomatensalat oder grüner Salat.

DEN BRATEN EINROLLEN UND MIT
GARN GUT UMWICKELN, SODASS
EINE STABILE ROLLE ENTSTEHT.

NUR EIN PAAR KOHLEN – UND SCHON KANN
MAN ES IM DUTCH OVEN KÖCHELN HÖREN!

# HEUBRATEN MIT BRATKARTOFFELN UND SALAT

**ZUBEREITUNGSZEIT**
**CA. 3 STUNDEN**

**ZUTATEN FÜR 6 PORTIONEN**

2 kg Schweinebraten (Nacken/Kamm)

Meersalz, Pfeffer aus der Mühle

1 EL Butterschmalz

1 große Zwiebel

½ Sellerieknolle

1 Karotte

4 Knoblauchzehen

200 ml Madeira

10 Wacholderbeeren

2–3 gute Handvoll frisches Heu
(kein Stroh)

3 Lorbeerblätter

**WERKZEUGE**

Dutch Oven 12" oder großer Bräter

Holzkohlebriketts

Alufolie

Mörser

Passiersieb

Platte zum Anrichten

Frisches Heu riecht nicht nur fantastisch, es schmeckt auch ganz wunderbar. Tausende Hasen können das bezeugen! Allerdings sind wir keine Hasen. Deshalb essen wir auch nicht einfach das Heu, sondern bedienen uns nur seiner tollen Aromen. Ob man diesen Heubraten nun im Dutch Oven oder im heimischen Ofen zubereitet: Der sich ausbreitende Wiesenduft ist grandios und durch das schonende Garen des Fleisches wird der Braten ungemein saftig.

Das Heu gibt dem Schweinebraten zudem eine ganz besondere Note, die auch deutlich aus der Soße herauszuschmecken ist. Für dieses Rezept kommt natürlich nur frisches, sauberes Heu infrage, also getrocknetes Wiesengras mit Klee und eventuell Wiesenkräutern – nicht zu verwechseln mit Stroh. Dabei handelt es sich nämlich um getrocknete Halme und Stängel von z. B. Getreide. Ist gerade keine Wiese zur Hand, kann man ohne Weiteres auf abgepacktes, gutes Heu aus der Tierhandlung zurückgreifen, denn das ist gereinigt und absolut sauber.

**ZUBEREITUNG**  Dutch Oven oder Bräter gut vorheizen. Für den Dutch Oven heißt das: etwa 24 Holzkohlebriketts unter den Topf legen. Schweinebraten salzen, pfeffern und auf allen Seiten scharf in Butterschmalz anbraten. Den Braten herausnehmen, in Alufolie wickeln und warm stellen.

Zwiebel, Sellerie und Karotte schälen, in kleine Würfel schneiden. Die Knoblauchzehen schälen und mit der Faust etwas andrücken. Alles im heißen Bräter oder Dutch Oven gut anbraten. Mit Madeira ablöschen. Die Wacholderbeeren im Mörser oder mit dem Messerrücken andrücken und dazugeben. Bräter oder Dutch Oven mit Heu auslegen, Braten auf das Heu legen und mit Heu bedecken. Deckel schließen und bei 170 °C ca. 2 Stunden schmoren. Der Dutch Oven braucht dafür insgesamt 24 Holzkohlebriketts, davon 16 auf den Deckel legen und 8 unter dem Topf lassen. Anschließend Fleisch herausnehmen und warm stellen. Heu aus dem Bräter nehmen und den Bratfond durch ein Sieb passieren. Die Lorbeerblätter dazugeben und die Soße etwas reduzieren. Mit Salz und Pfeffer abschmecken. Braten aufschneiden und servieren. Dazu passen Bratkartoffeln (vorgekocht) mit Zwiebeln, Rosmarin und Speck sowie Friséesalat, Feldsalat oder Lollo rosso mit Zwiebeln, Essig, Öl, Salz und Pfeffer.

DIESER „WIESENBRATEN"
GELINGT ENTWEDER IM
DUTCH OVEN ODER – WIE
HIER – IM BRÄTER

# DAMPFNUDELN AUS DEM DUTCH OVEN

**ZUBEREITUNGSZEIT**
**CA. 2,5 STUNDEN**

**ZUTATEN FÜR 6–8 DAMPFNUDELN**
500 g Weizenmehl (Type 550;
zusätzlich etwas Mehl für die
Arbeitsfläche)
20 g frische Hefe (42 g)
250 ml lauwarme Milch
150 g zimmerwarme Butter
2 zimmerwarme Eier
2 TL Meersalz

**WERKZEUGE**
Rührschüssel
runder Garnierring
(ca. 8 cm Durchmesser)
Dutch Oven 10"
Holzkohlebriketts

Dampfnudeln sind Hefeklöße, die je nach Region unterschiedlich gegart werden. Die regionalen Unterschiede laden natürlich vortrefflich zum Streit ein, wer die Dampfnudel denn nun erfunden hat und wie sie richtig zubereitet wird. In der jüngeren Zeit gab es sogar auf ministerialer Ebene zwischen Rheinland-Pfalz und Bayern einen intensiven Disput darüber, wer sich die tollen Klöße als regional einzigartige Spezialität schützen lassen darf und wer nicht. Ein Dampfnudelstreit!

In der Pfalz werden sie in einem Topf mit schwerem Deckel in ein wenig Salzwasser und Butter oder Fett gegart, bis sie an der Unterseite eine knusprige, salzige Kruste bekommen. In Bayern kommen dagegen auch etwas Milch und Zucker in das Wasser, was dann eine süßere Kruste hervorbringt. Beide Rezepte sind super, wie ich finde. In Österreich werden die „Germknödel" in einem großen Topf mit leicht gesalzenem Wasser gekocht, sind oftmals mit Pflaumenmus gefüllt und haben keine Kruste. Auch in Asien sind Dampfnudeln in verschiedenen Variationen bekannt, zumeist mit Fleisch gefüllt, aber auch mit kräftigen Soßen oder mit süßem Inhalt. Das vorliegende Rezept entspricht am ehesten der Pfälzer Variante, die man auch aus der schwäbischen Küche kennt.

**ZUBEREITUNG**   Mehl in eine warme Rührschüssel geben, in die Mitte eine Mulde drücken, Hefe hineinbröckeln und mit etwas warmer Milch auflösen. 10 Minuten abgedeckt an einem warmen Ort stehen lassen, bis die Hefe etwas aufgegangen ist. Dann 100 g Butter, Eier, restliche Milch und 1 TL Salz dazugeben. Zu einem geschmeidigen Teig kneten, der nicht zu trocken sein darf. Ist der Teig zu trocken, noch etwas warme Milch dazugeben. Der Teig sollte gerade eben nicht mehr am Schüsselrand kleben. Abgedeckt an einem warmen Ort ca. 45 Minuten ruhen lassen, bis er gut aufgegangen ist.

**FORTSETZUNG ZUBEREITUNG NÄCHSTE SEITE**

**FORTSETZUNG ZUBEREITUNG**

Den aufgegangenen Teig auf eine bemehlte Fläche geben, etwas flacher drücken und mit dem Garnierring etwa 3 cm dicke Ringe ausstechen oder etwa kinderfaustgroße Kugeln formen. Ringe oder Kugeln auf ein bemehltes Brett legen und nochmals 30–40 Minuten gehen lassen.

Den Dutch Oven leicht anwärmen, die restliche Butter darin auflösen, 1 gestrichenen TL Salz und 100 ml Wasser dazugeben. Dampfnudeln in den Topf auf die Flüssigkeit legen und den Deckel schließen. Unter den Topf 4 Kohlestücke legen. Auf den Deckel keine Kohlen legen. Das Wasser sollte hörbar leicht simmern. Zur Kontrolle nicht den Deckel abheben! Nach 30 Minuten die Dampfnudeln aus dem Topf nehmen; an der Unterseite sollte sich eine braune, salzige Kruste gebildet haben. Warm servieren.

Bei der Zubereitung am heimischen Herd den Dutch Oven auf kleine Stufe oder Hitze stellen, sodass das Kochwasser noch simmert. Die Dampfnudeln mit gut verschlossenem Deckel 25–30 Minuten backen. Dazu passt Vanillesoße, frisches Obst oder Kompott.

OHNE FREUNDE SCHMECKT'S
NUR HALB SO GUT.

# KARTOFFELBROT AUS DEM DUTCH OVEN

**ZUBEREITUNGSZEIT**

**CA. 3,5 STUNDEN**


**ZUTATEN FÜR 1 BROT (CA. 1 KG)**

250 g mehligkochende Kartoffeln

500 g Weizenmehl

(Type 405 oder 550)

2 gestr. TL Meersalz

1 Tüte Trockenhefe oder 1 Würfel

frische Hefe (42 g)

150–200 g Naturjoghurt

1 EL Butter

2 EL Olivenöl


**WERKZEUGE**

kleiner Kochtopf (ca. 2 l)

Rührschüssel

Küchenhandtuch

Dutch Oven 10"

Holzkohlebriketts

---

Als ich mein erstes Brot im Dutch Oven gebacken habe, konnte ich kaum fassen, wie gut das funktionierte. Mit nur ein paar Handvoll Kohlen entwickelt dieser tolle Gusstopf eine Hitze, die das Brot prächtig gedeihen lässt. Durch die im Teig vorhandene Flüssigkeit und den dicht schließenden Topfdeckel entsteht auch die fürs Brotbacken so wichtige Feuchtigkeit. Das Ergebnis ist ein saftiges Brot mit einer leckeren Kruste und der sich verbreitende Duft ist unbeschreiblich. Wer will, kann auch noch etwas Kümmel oder 2 EL Fenchelsamen in den Teig geben. Mit gerösteten Zwiebeln im Teig bekommt man ein leckeres Zwiebelbrot (S. 48). Wichtig dabei ist, nicht zu viele Kohlen unter den Topf zu legen, weil das Brot sonst anbrennen kann.

---

**ZUBEREITUNG**   Unbedingt darauf achten, dass alle Zutaten etwas mehr als handwarm sind, um die Triebfähigkeit des Teigs zu unterstützen! Den Joghurt am besten im heißen Wasserbad erwärmen. Auch die Rührschüssel sollte etwas angewärmt werden, z. B. mit heißem Wasser.

Kartoffeln etwa 30 Minuten kochen, bis sie weich sind. Mit kaltem Wasser abschrecken (dadurch lassen sie sich leichter pellen) und etwas abkühlen lassen. Die noch warmen Kartoffeln pellen und zerdrücken. Mehl in eine Rührschüssel geben, Salz und Trockenhefe dazugeben und alles vermengen. Wer frische Hefe verwendet, drückt in das Mehl eine Mulde, bröselt die Hefe hinein und verrührt alles mit einer Gabel mit etwas warmem Wasser, bis sich die Hefe auflöst. 10 Minuten abgedeckt an einem warmen Ort stehen lassen.

Anschließend zerdrückte Kartoffeln und warmen Joghurt dazugeben und zu einem elastischen Teig verkneten. Ist der Teig zu trocken, etwas mehr Joghurt unterkneten; ist er zu feucht, noch etwas Mehl dazugeben. Das Kneten ist sehr wichtig und sollte 8–10 Minuten durchgehalten werden. Der Teig soll nicht mehr am Schüsselrand oder an den Händen kleben. Eine runde Kugel formen und den Teig in der mit einem Küchentuch abgedeckten Schüssel an einem warmen Ort, z. B. in der Nähe des Lagerfeuers, 1 Stunde gehen lassen. Dabei die Schüssel öfter um ¼ drehen, damit sich der Teig gleichmäßig erwärmt.

Wenn der Teig sein Volumen etwa verdoppelt hat, wird er abgeschlagen, also nochmals kurz, aber maximal 10–20 Sekunden durchgeknetet, und in den mit Butter gefetteten, leicht angewärmten Dutch Oven gelegt. Teig nochmals etwa 30 Minuten abgedeckt an einem warmen Ort gehen lassen. Nach dem weiteren Aufgehen das Olivenöl auf die Oberfläche des Teigs träufeln.

Zum Backen 6 glühende Holzkohlebriketts unter den Dutch Oven und 14 auf den Deckel legen – alternativ die entsprechende Menge Holzkohle oder Hartholzglut. 10 Minuten, bevor das Brot fertig ist, noch ein paar mehr Briketts auf den Deckel legen, um eine schöne Kruste zu bekommen. Nach 40 Minuten ist das Brot fertig.

BROTBACKEN IM DUTCH OVEN – FUNKTIONIERT SUPER!

# ZWIEBELBROT AUS DEM DUTCH OVEN

**ZUBEREITUNGSZEIT**
**CA. 3 STUNDEN**

**ZUTATEN FÜR 1 BROT (CA. 1 KG)**

2–3 große Zwiebeln

100 g durchwachsener Bauchspeck

2 TL Kümmel

Olivenöl

Meersalz

750 g Weizenmehl (Type 405)

1 Würfel frische Hefe (42 g)

etwas Butter

**WERKZEUGE**

Dutch Oven 10"

Holzkohlebriketts (ca. 30 Stück)

Bratpfanne

große Rührschüssel

Grill oder Feuerstelle mit Grillrost und Steinen

Hier noch ein lecker-saftiges Brotrezept. Brot im Dutch Oven zu backen ist viel einfacher, als man denkt. Das dampfige Milieu des schweren Gusstopfes ist für das Brotbacken wie geschaffen. Wie schon beim Kartoffelbrot (S. 46) erwähnt, sollte man darauf achten, nicht zu viele Kohlestücke unter den Topf zu legen, da das Brot sonst leicht anbrennen kann. Für eine schöne Kruste liefern ein paar zusätzliche Kohlestücke auf dem Deckel die nötige Oberhitze.

**ZUBEREITUNG**  Zwiebeln schälen und grob würfeln, Bauchspeck fein würfeln. Auf dem Grill in einer Pfanne Zwiebelwürfel und Kümmel in Olivenöl braten, bis sie schön braun sind. Den Speck dazugeben und ca. 1 Minute nur leicht anschwitzen. Etwas salzen. Aus Mehl, warmem Wasser, Salz, Hefe, geschmorten Zwiebeln und Speck einen geschmeidigen Teig herstellen. Teig ca. 45 Minuten an einem warmen Ort gehen lassen, bis sich sein Volumen etwa verdoppelt hat. Teig abschlagen, also nochmals kurz (!) durchkneten. In den mit Butter ausgefetteten, leicht angewärmten Dutch Oven legen und nochmals ca. 45 Minuten an einem warmen Ort gehen lassen. Den aufgegangenen Teig vorsichtig mit 2 EL Olivenöl bestreichen. Zum Backen 6–8 Kohlen unter den Topf und 12–14 Kohlen auf den Topf legen. Das Brot ca. 45 Minuten im Dutch Oven lassen. Für eine schöne Brotkruste gegen Ende der Backzeit weitere 6 Kohlestücke auf den Deckel legen und 15 Minuten weiterbacken.

Alternative Zubereitung im Backofen: Blechschale mit Wasser in den auf 220 °C vorgeheizten Ofen stellen. Nach 10 Minuten Hitze auf 200 °C reduzieren. Dabei mit einer Sprühflasche zu Beginn des Backens die Wände des Ofens besprühen, um Feuchtigkeit in den Ofen zu bringen.

OB DRINNEN ODER DRAUSSEN IST EGAL —
HAUPTSACHE, ZUSAMMEN!

# DUTCH-OVEN-PIE

**ZUBEREITUNGSZEIT CA. 1,5 STUNDEN**

**ZUTATEN FÜR 4–5 PORTIONEN**

**KARTOFFELBREI**

600 g Kartoffeln

Salz

2 TL Minze

ca. 150 ml Milch

30 g Butter

Muskat

Pfeffer aus der Mühle

3 Eigelb

**DUTCH-OVEN-PIE**

500 g frischer Blattspinat oder
TK-Blattspinat

6 EL Olivenöl

4 Knoblauchzehen

Meersalz, Pfeffer aus der Mühle

3–4 Tomaten oder 10 Cocktailtomaten

1–2 Chilischoten

1 Aubergine (ca. 200 g)

600 g Rinderhack

2 Lorbeerblätter

1 TL fein gehackter Rosmarin

100 ml Rotwein

50 g Parmesan oder Pecorino

Salat als Beilage

**WERKZEUGE**

kleiner Kochtopf

Kartoffelstampfer oder große Gabel

große Bratpfanne

Dutch Oven 10" oder mittlerer Bräter

Holzkohlebriketts (für den Dutch Oven)

Bratenwender oder großer Löffel

Angeblich leitet sich der Begriff „Pie" aus dem Wort „magpie" ab, dem englischen Namen für die Elster. Gemeint ist allerdings nicht der diebische Vogel selbst, sondern dessen Nest, das ähnlich wie die meisten Pies nach dem Öffnen die lustigsten Sachen offenbaren kann. Demnach muss eine Pie also erst einmal geöffnet werden, woraus ja logischerweise hervorgeht, dass sie so etwas wie einen Deckel haben muss. Ist auch meistens so, aber nicht immer, denn auch „offene" Kuchen werden bisweilen als Pie bezeichnet. Die klassische Pie jedoch ist ringsherum von einem Teigmantel umschlossen und sieht aus wie bei Oma Duck auf der Fensterbank. Sie kann süß oder deftig gefüllt sein, mit Fleisch oder vegetarisch. Es gibt eine Vielzahl regionaler Unterschiede, was Zubereitung und Dekoration betrifft.
Diese Dutch-Oven-Pie ist zwar nicht von Teig umhüllt, hat aber auch einen Deckel – und zwar aus angeröstetem Kartoffelbrei. Somit ähnelt sie der Shepherd's Pie, die aus Lammhack gemacht wird, wie der übersetzte Name „Schäferpastete" schon vermuten lässt. Für den Dutch Oven ist die Pie jedenfalls ein ideales, saftiges Gericht, das unbedingt zum Experimentieren mit den unterschiedlichen Variationen einlädt.

**ZUBEREITUNG** Für den Kartoffelbrei die Kartoffeln schälen, grob würfeln und in leicht gesalzenem Wasser weich kochen, abgießen. Minze sehr fein hacken. Milch erhitzen, Butter darin schmelzen. Noch heiße Kartoffeln mit der warmen Milch stampfen, Milch dabei schluckweise dazugeben, bis ein festes Püree entstanden ist. Mit Salz, Muskat, Pfeffer und Minze verrühren, etwas abkühlen lassen. Die Eigelbe unterrühren.

Spinat gut waschen und abtropfen lassen. Mit 2 EL Olivenöl in eine heiße Bratpfanne geben und wenden, bis der Spinat zusammengefallen ist. Das geht auch sehr gut mit TK-Blattspinat, hierbei das Wasser nach dem Garen etwas ausdrücken. 2 Knoblauchzehen schälen und sehr klein schneiden. Spinat, zerkleinerte Knoblauchzehen, Salz und Pfeffer im Dutch Oven oder Bräter anbraten, dann herausnehmen und beiseitestellen.

**FORTSETZUNG ZUBEREITUNG NÄCHSTE SEITE**

**FORTSETZUNG ZUBEREITUNG**

Die Tomaten waschen, Strünke entfernen und sehr klein schneiden. Chilischoten waschen, putzen und klein schneiden. Restliche Knoblauchzehen schälen und ebenfalls klein schneiden. Aubergine in ca. 3 mm dicke Scheiben schneiden, mit Salz bestreuen. Den Knoblauch in restlichem, sehr heißem Olivenöl kurz anbraten. Tomaten dazugeben und 2 Minuten scharf anbraten. Hackfleisch dazugeben, leicht salzen und pfeffern, weiterbraten, bis das Fleisch leicht gebräunt ist. Lorbeerblätter und Rosmarin dazugeben, mit Rotwein ablöschen und ca. 5 Minuten köcheln lassen, bis der Rotwein etwas verdampft ist. Das Hack muss saftig bleiben. Den Spinat auf das Hack legen. Auberginenscheiben trocken tupfen und auf den Spinat schichten. Den Parmesan darüberreiben. Alles mit Kartoffelpüree bedecken. Deckel schließen, 4 Kohlen unter den Topf und 10–12 Kohlen auf den Deckel legen. Dutch Oven ca. 45 Minuten geschlossen halten, bis das Kartoffelpüree an der Oberfläche schön angeröstet ist. Mit einem Bratenwender oder einem großen Löffel portionsweise die Pie aus dem Topf heben und mit knackigem Salat anrichten.

Bei der Zubereitung im Bräter im heimischen Herd die Pie bei 170 °C ca. 40 Minuten backen.

DIESE PIE GELINGT IM
DUTCH OVEN UND IM BRÄTER.

# PILZTERRINE

**ZUBEREITUNGSZEIT**
**CA. 90 MINUTEN**

**ZUTATEN FÜR 4 PORTIONEN**

200 g Mischpilze (z. B. Champignons,
Steinpilze, Kräuterseitlinge)

2 Schalotten

1 EL Butter
(zusätzlich etwas Butter zum
Einfetten)

1 Prise Kümmel

6 Eier

4 EL gehackte Petersilie

40 g frisch geriebener Parmesan

50 g Ricotta

Meersalz, Pfeffer aus der Mühle

2 Scheiben Kochschinken (Veggie:
1 Zucchini, dünn längs gehobelt)

20 g Schnittlauch
(etwa 1 kleines Bündel)

Feldsalat als Beilage

Bauernbrot als Beilage

**WERKZEUGE**

Topf oder Bräter mit Deckel für
das Wasserbad

Bratpfanne

Terrinen- oder Kuchenform

Pilze sind interessante Wesen. Biologisch gesehen sind sie weder Pflanzen noch Tiere und bilden daher ein eigenes Reich. Das, was wir als Pilz bezeichnen, ist übrigens nur der Fruchtkörper des eigentlichen Pilzes, der ein weitverzweigtes unterirdisches Geflecht bildet. Dieses Myzel kann – wie bei einem Hallimasch in den USA – mehrere Quadratkilometer groß werden. Dem Pilz beschert das den Titel des größten bekannten Lebewesens der Welt. Respekt! Pilze sammeln ist dann auch eher so etwas Ähnliches wie Äpfel pflücken, denn der unterirdische „Baum" bringt immer wieder neue Früchte hervor. Den unterirdischen Ursprung hat die Terrine mit dem Pilz gemein, denn Terrine bedeutet „Irdene", womit ursprünglich aber nur die Terrinenform aus gebranntem Ton gemeint war. Für dieses Rezept benötigt man jedoch nicht zwangsläufig eine Tonform. Eine kastenförmige Kuchenform aus Blech funktioniert auch wunderbar.

**ZUBEREITUNG** Den Bräter oder Topf so mit Wasser füllen, dass die Terrinenform zu ¾ im Wasser stehen kann. Bräter auf den Grillrost oder über die Glut stellen, Deckel auflegen und das Wasser bis zum leichten Simmern erhitzen. Die Kohlen sollten so heiß sein, dass man seine Hand für etwa 2–3 Sekunden knapp über dem Rost halten kann. Pilze putzen und schneiden, Schalotten putzen und würfeln. In einer Bratpfanne Butter erhitzen, Pilze etwa 5 Minuten mit etwas Kümmel anbraten, vom Feuer nehmen und abkühlen lassen. Eier, Petersilie, Parmesan, Ricotta, Salz und Pfeffer verrühren.

Die Terrinenform buttern und mit Kochschinken (oder Zucchinischeiben) auslegen. Zuerst einen Teil der Pilze in die Form geben, dann etwas Eimasse, dann den Schnittlauch längs hineinlegen, wieder Pilze, Eimasse etc., bis alle Zutaten verbraucht sind. Die Form ins heiße Wasserbad stellen, abdecken und 1 Stunde im Wasserbad garen. Das Wasser sollte nicht kochen, höchstens leicht simmern. Nach 1 Stunde aus dem Wasserbad nehmen, ca. 10 Minuten abkühlen lassen und aus der Form stürzen. Mit Feldsalat und knusprigem Bauernbrot anrichten.

# RINDERKEULE IM POTJIE (POTJIEKOS)

**ZUBEREITUNGSZEIT**

**CA. 3,5 STUNDEN**

**ZUTATEN FÜR 6–7 PORTIONEN**

1 Rinderkeule (ca. 3 kg)

Meersalz, Pfeffer aus der Mühle

1 Knoblauchknolle

3 rote Paprikaschoten

Olivenöl zum Anbraten

12 kleine, gesäuberte Kartoffeln

5–6 Lorbeerblätter

2 Zweige Rosmarin

200 g grüne Bohnen

3–4 Zweige Thymian

**WERKZEUGE**

Potjie (Größe 3, ca. 7,8 l)

scharfes Messer

Schneidebrett

feuerfeste Handschuhe oder

robustes Küchenhandtuch

Wer langsam Geschmortes, Eintöpfe und Stews liebt, für den ist das Potjie (gesprochen „Poikie") genau das Richtige. Bei der Befüllung dieses lustigen Kessels ist der Fantasie keine Grenze gesetzt. Egal, ob mit Fleisch, Fisch oder Gemüse bestückt: Die Aromen der Zutaten durchwirken sich gegenseitig, ohne ihren Eigengeschmack zu verlieren, und die Energiezufuhr ist durch das Gusseisen, aus dem der Topf besteht, eher gering. In Südafrika, der Heimat des Potjie, nennt man solche Gerichte „Potjiekos", was so viel heißt wie „Kost aus dem Töpfchen". Niedlich, oder? Die Vielfalt der unterschiedlichen Rezepte ist natürlich immens und man kann eigentlich nichts falsch machen. Selbst wenn das Feuer mal kurz ausgehen sollte, schmurgelt das Potjie tapfer weiter. Es gibt ihn in vielen unterschiedlichen Größen – vom 0,7-Liter-Töpfchen für den ganz kleinen Haushalt bis zum 70-Liter-Riesenkessel für das halbe Dorf. Für dieses Rezept verwenden wir einen Potjie der Größe 3 mit 7,8 l Fassungsvermögen. Das ist eine gute Durchschnittsgröße – damit bekommt man locker 6–8 Personen satt.

**ZUBEREITUNG** Die Rinderkeule in etwa 4 × 4 cm große Würfe schneiden. Fleisch salzen und pfeffern. Knoblauchknolle auseinanderbrechen, die einzelnen Zehen vom Strunk lösen, schälen und leicht andrücken. Paprikaschoten waschen, putzen und in Achtel schneiden. Öl im Potjie über heißer Glut stark erhitzen und die Fleischwürfel darin scharf anbraten. Knoblauchzehen dazugeben und etwas mit anrösten. Potjie von der heißen Glut nehmen. Die Kartoffeln mit Schale über das Fleisch schichten. Lorbeerblätter und Rosmarinzweige dazugeben. Bohnen darüberschichten, geschnittene Paprikaschoten und Thymianzweige oben drauf legen, Deckel schließen. Keine Flüssigkeit dazugeben! Wer die Paprika etwas bissfester haben möchte, gibt sie erst nach 2 Stunden dazu. Das Potjie braucht lediglich einige Kohlestücke oder 2–3 kleine Schaufeln Glut unter sich, um das Essen zu garen. Ein leichtes Gurgeln sollte zu hören sein. Wenn die Kohlen verglüht sind, neue Stücke nachlegen. Nach 3 Stunden ist der Rindereintopf fertig.

DECKEL DRAUF UND LOS!
DAS POTJIE BRAUCHT
KAUM AUFMERKSAMKEIT.

HIER HAT MAN IMMER WAS AM HAKEN!

# ANGELFONDUE AUS DEM POTJIE

**ZUBEREITUNGSZEIT**

**CA. 1 STUNDE**

**ZUTATEN FÜR 4 PORTIONEN**

3–4 l Gemüsebrühe

Dips und Soßen

Baguette oder Weißbrot

frische Blattsalate

**Fleisch, z. B.**

Hühnerbrust

Rinderfilet

Kalbsfilet

Schweinefilet

(jeweils dünn geschnitten)

**Fisch und Meeresfrüchte, z. B.**

Lachs

Seeteufel

Kabeljau

Steinbeißer

Garnelen (geschält)

**Gemüse, z. B.**

Paprikaschoten

Zucchini

Pilze

Frühlingszwiebeln

Chinakohl

Wirsing

Karotten

Blattspinat

Mangold

**WERKZEUGE**

Metallspieße (ca. 10 cm)

starkes Garn oder Küchengarn

dünne Stöcke und Äste, z. B. Weide

(ca. 1 m lang)

Potjie (z. B. Größe 3, ca. 7,8 l)

Holzkohlebriketts

---

Fleisch, Fisch und Gemüse in heißer Brühe zu garen ist natürlich wesentlich fettärmer als das Frittieren in heißem Öl. Man kennt das vielleicht auch vom – auf Brühe basierenden – asiatischen Fondue: Im Gegensatz zum Frittieren werden die Zutaten durch die viel niedrigere Temperatur wesentlich schonender erhitzt und die wertvollen Inhaltsstoffe bleiben weitgehend erhalten. Wer diesen Kochstil schon mal zu Hause ausprobiert hat, dem ist sicher nicht entgangen, dass sich die Brühe relativ schnell abkühlt, wenn sich zu viele Spieße im Töpfchen tummeln. Das liegt zumeist an dünnwandigen Fonduetöpfen, die nicht in der Lage sind, die Hitze länger zu speichern. Beim Potjie sieht das natürlich ganz anders aus: Es ist zum Hitzespeichern geboren und wird so zum Spitzenfonduetopf XXL. Außerdem hängen wir hier die Spieße an eine lustige Angel, damit sich keiner die Finger verbrennt.

---

**ZUBEREITUNG**   Die Metallspieße so an den Enden umbiegen, dass ein Haken entsteht. Gemüsebrühe im Potjie erhitzen, bis sie leicht kocht. Fleisch in dünne Streifen und Fisch in etwa 2 × 2 cm große Würfel schneiden. Die Gemüse waschen, putzen und so in dünne Scheiben oder Stifte schneiden, dass sie sich gut aufspießen lassen und schnell durchgaren. Garn an die Stöcke binden (jeweils 50 cm lang), das andere Ende an die Spießhaken knoten. Zutaten nach Wunsch auf die Metallspieße stecken und in die Brühe halten. Nach 3–5 Minuten (je nach Anzahl der Spieße im Potjie und der daraus resultierenden Temperatur) sind die Zutaten gar. Dazu Dips, Soßen, Brot und frischen Blattsalat reichen.

DIE BRÜHE MUSS RICHTIG BRODELN.
DANN GART ALLES RUCK, ZUCK

# KESSELGULASCH MIT SERVIETTENKNÖDELN

**ZUBEREITUNGSZEIT
CA. 5 STUNDEN**

**ZUTATEN FÜR 8–10 PORTIONEN**

**KESSELGULASCH**

2 kg Rinderschulter/-nacken/-keule
(gut durchwachsen)

2 kg Zwiebeln

500 g Bauchspeck

2 EL Butter- oder Schweineschmalz

1 gehäufter EL Kümmel

1 gehäufter EL Fenchelsamen

Schalenabrieb von 2 Zitronen

8 Knoblauchzehen

200 g Tomatenmark

Meersalz

3 gehäufte EL Paprikagewürz

0,75 l halbtrockener Weißwein

1,5 kg Schweinehachse (mit
Knochen und Schwarte, vom
Metzger in Scheiben gesägt)

6 Gewürznelken

3 rote Paprikaschoten

6 Lorbeerblätter

**WEITERE ZUTATEN SOWIE FORTSETZUNG DER
ZUBEREITUNG AUF DER NÄCHSTEN SEITE**

Das ist schon eine lustige Sache mit dem Gulasch: Jeder glaubt, das perfekte Rezept zu haben und genau zu wissen, wie man ein echtes Gulasch auf den Tisch bringt. Fragt man beispielsweise einen Österreicher nach den korrekten Zutaten, wird dieser – was das Fleisch betrifft – ausschließlich auf Rind- oder Ochsenfleisch bestehen, um ein leckeres Saftgulasch, Fiakergulasch, Karlsbader Gulasch, Kaisergulasch oder Wiener Gulasch zu zaubern. Beim Szegediner Gulasch darf auch mal Rind und Schwein gemischt werden, zusätzlich kommt Sauerkraut dazu. Die österreichischen Gulaschvarianten sind legendär und jede einzelne ist auf ihre Art echt. Mit einem echten Gulasch ist jedoch meistens das ungarische gemeint, das in Ungarn aber gar nicht Gulasch heißt, sondern „Pörkölt" oder „Paprikás". Wer in Ungarn ein „Gulyás" bestellt, erhält eine eher flüssige Suppe mit Fleisch und viel Paprika. Um ein Gulasch zu bekommen, wie wir es kennen, muss man nach Pörkölt fragen. Dieses wiederum wird in seinem Heimatland aus allen möglichen Fleischsorten gemacht. So gibt es Schweinefußpörkölt, Gänsehalspörkölt, Kuttelpörkölt, Lamm-, Hasen-, Wild-, Enten-, Geflügelleber-, Putenpörkölt und noch viele andere Varianten mehr. Welches davon also das echte ist, muss wohl jeder selbst herausfinden. Auf Ungarisch bedeutet „Gulyás" übrigens „Rinderhirte", womit die Herkunft der Suppe wohl geklärt wäre. Im vorliegenden Rezept werden jedenfalls auch geschnittene Schweinehachsen verarbeitet, wie ich es auch mal auf einem Dorffest in Ungarn erlebt habe. Die Soße erhält dadurch eine einmalige Konsistenz und das Fleisch wird saftig und butterzart.

**ZUBEREITUNG KESSELGULASCH** Rindfleisch in ca. 4 × 4 cm große Würfel schneiden. Zwiebeln schälen und grob würfeln. Den Bauchspeck ebenfalls grob würfeln. Schmalz im Kessel erhitzen, Bauchspeck mit Kümmel und Fenchelsamen darin anrösten. Schalenabrieb der Zitronen dazugeben und mitrösten. Knoblauchzehen schälen, leicht andrücken, dazugeben und anrösten. Tomatenmark ebenfalls dazugeben und etwas anrösten. Das Rindfleisch salzen, in den Kessel geben und anbraten. Zwiebeln dazugeben und ca.

# KESSELGULASCH MIT SERVIETTENKNÖDELN

## SERVIETTENKNÖDEL
### (ERGIBT 3 GROSSE KNÖDEL)

12 Brötchen vom Vortag

Meersalz, Pfeffer aus der Mühle

Muskat

500 ml Milch

2 große Zwiebeln

ca. 125 g zimmerwarme Butter

(zusätzlich Butter zum Einreiben der

Küchenhandtücher)

6 Eier

4 gehäufte EL gehackte Petersilie

(zusätzlich etwas Petersilie zum

Dekorieren)

ca. 80 g Mehl

## WERKZEUGE

## FÜR KESSELGULASCH

Gulaschkessel (15 l)

Dreibein

Schöpfkelle

scharfes Kochmesser

## FÜR SERVIETTENKNÖDEL

Rührschüssel

Bratpfanne

Schneebesen

3 saubere Küchenhandtücher

etwas Küchengarn oder Schnur

2 große Kochtöpfe oder 1 großer

Bräter

**FORTSETZUNG ZUBEREITUNG**

15 Minuten unter Rühren mit anschwitzen. Paprikagewürz dazugeben und zügig verrühren. Achtung, zu lange angeröstet wird es bitter! Mit dem gesamten Weißwein ablöschen und 10 Minuten köcheln lassen. Mit ca. 3 l kaltem Wasser aufgießen, Schweinehachsen und Gewürznelken dazugeben. Insgesamt 4 Stunden leise köcheln lassen. Die Paprikaschoten waschen, putzen und in grobe Stücke schneiden. Nach 3 Stunden Kochzeit Lorbeerblätter und geschnittene Paprikaschoten dazugeben. Zum Schluss mit Salz abschmecken. Alle Knochenstücke herausnehmen. Zum Servieren die Schweineschwarte entfernen oder separat dazureichen.

**ZUBEREITUNG SERVIETTENKNÖDEL**  Die Brötchen in feine Würfel oder Streifen schneiden, in eine Rührschüssel geben, salzen und etwas pfeffern, Muskat dazureiben. Milch erwärmen und über die Brötchen gießen. Durchrühren und 15 Minuten ziehen lassen. Zwiebel schälen, fein würfeln und in 2 TL Butter glasig anschwitzen. 100 g Butter mit einem Schneebesen rühren, bis sie schaumig und fluffig ist. Eier verquirlen und mit angeschwitzten Zwiebeln, gehackter Petersilie, aufgeschlagener Butter und Mehl zur Knödelmasse geben. Alles gut vermengen, abschmecken, eventuell nachsalzen und weitere 20 Minuten abgedeckt ziehen lassen.

Saubere Küchenhandtücher einseitig mit Butter einreiben. Knödelmasse zu einer länglichen Rolle formen, Tuch locker um die Rolle wickeln und an den Enden mit Küchengarn wie ein Bonbon zubinden. Leicht gesalzenes Wasser im Kochtopf oder Bräter zum Simmern bringen und Knödelrollen in das Wasser legen. Das Wasser darf nicht kochen. Knödelrollen ca. 30 Minuten ziehen lassen, aus dem Wasser nehmen, auspacken und in breite Scheiben zerteilen. Mit etwas Petersilie bestreuen und mit dem Gulasch servieren. Dazu passen hervorragend grüner Salat, frischer Gurkensalat, Krautsalat und kaltes Bier.

SO EIN KESSELGULASCH BRAUCHT AM ANFANG SCHON ETWAS MEHR HITZE. RÜHREN NICHT VERGESSEN!

WER BRAUCHT SCHON GABELN FÜR POMMES?

# OUTDOOR-POMMES

**ZUBEREITUNGSZEIT**
**JE NACH MENGE CA. 1 STUNDE**

**ZUTATEN FÜR 4 PORTIONEN**

mittelgroße, mehligkochende
Kartoffeln (z. B. Bintje, Adretta oder
Agria), ca. 3 Stück pro Person
Frittierfett oder Rindernierenfett
gutes Meersalz

**WERKZEUGE**

Sparschäler
scharfes Messer
Potjie (alternativ tiefer Dutch Oven)
Steine zum Einfassen des Feuers
Bratenthermometer
passendes Frittiersieb
Abtropfsieb
2 große Blechschüsseln
Deckel für Potjie oder Dutch Oven im
Brandfall

Wer schon mal zu Hause ohne Dunstabzugshaube im Topf frittiert hat, macht das in der Regel kein zweites Mal. Die ganze Wohnung riecht für Tage nach Pommesbude und die kleinen Fetttröpfchen haben die ganze Küche mit einem zarten Schleier belegt. Gut, es gibt natürlich ganz tolle Fritteusen zu kaufen, die praktisch ohne Fett, mit guten Filtern bestückt, durchaus brauchbare Ergebnisse liefern. Aber richtige Pommes werden nun mal im Fett gebacken – und in Belgien sogar zweimal! Die Belgier sind bekanntermaßen ja die Erfinder der Pommes frites und belgische Pommes sind die besten! Traditionell werden die rohen Kartoffelstifte nach dem Wässern in Rindernierenfett frittiert, was der Kartoffel einen angenehm animalischen Geschmack verleiht. Mittlerweile kommt aber vermehrt Pflanzenfett zum Einsatz, was sowohl aus wirtschaftlicher wie aus vegetarischer Sicht sinnvoll ist. Welches Fett auch immer man verwendet: Niemand will es an seinen Küchenwänden haben. Deshalb frittieren wir unsere Pommes einfach am Lagerfeuer oder – besser gesagt – auf der Glut desselben. Offene Flammen könnten nämlich das Fett entzünden! Deshalb ist es sinnvoll, die Glut unter dem Topf beispielsweise mit Backsteinen einzufassen, diese also praktisch eng um den Topf herum zu stapeln, sodass kein Fett in die Glut tropfen kann. Sollte das Fett tatsächlich Feuer fangen, keine Panik und bitte auf gar keinen Fall Wasser in das Fett gießen – das würde zu einer verheerenden Fettexplosion führen! Brennendes Fett im Topf einfach mit einem Deckel oder einem Brett ersticken, den Deckel nicht mehr öffnen und das Feuer unter dem Topf ganz ausgehen lassen.

**ZUBEREITUNG**  Die Kartoffeln schälen und in ca. 1 cm dicke Stifte schneiden. Kartoffelstifte in einer großen Schüssel mit Wasser ca. 30 Minuten wässern. Kartoffeln abgießen und trocken tupfen. Fett im Potjie auf 140 °C erhitzen. Offene Flammen vermeiden, da das Fett sonst Feuer fangen könnte! Die Glut unter dem Potjie daher mit Steinen einfassen, sodass beim späteren Herausnehmen des Siebs aus dem Fett nichts in die Glut oder Flammen tropfen kann. Um das Fett zum Frittieren zu erhitzen, sollte die Glut wirklich heiß sein. Die Temperatur mit dem Bratenthermometer prüfen.

Abgetrocknete Kartoffelstifte in Portionen à ca. 300 g bei 140 °C ca. 6 Minuten anfrittieren. Sieb herausnehmen, Pommes zum Abtropfen in ein Sieb geben und in einer großen Blechschüssel aufbewahren. So mit allen Kartoffelstiften verfahren. Dabei immer wieder die Temperatur messen und berücksichtigen, dass sich das Fett beim Frittieren etwas abkühlt. Deshalb zwischen den Frittenladungen kurz warten, bis das Fett wieder die gewünschte Temperatur hat. Pommes abkühlen lassen, dann ziehen sie beim Ausfrittieren nicht so viel Fett. Je kühler, desto besser! Temperatur des Frittierfetts auf max. 175 °C erhöhen. Pommes fertig frittieren, bis sie goldbraun sind. Dann herausnehmen, abtropfen lassen und in einer großen Blechschüssel mit dem Salz durchschütteln. Heiß servieren.

WER POMMES WILL, MUSS SCHÄLEN.
GEMEINSAM GEHT'S AM BESTEN!

Auf Pommes freut sich
Jeder - sogar das T-Shirt...

# MERGUEZ

**ZUBEREITUNGSZEIT**

**CA. 1 STUNDE**

**VORBEREITUNGSZEIT**

**(FLEISCH ANFRIEREN) CA. 4 STUNDEN**

**ZUTATEN FÜR 1 KG WURSTMASSE**
**(ERGIBT 16–18 WÜRSTE)**

700 g nicht zu mageres Lammfleisch

300 g Rindfleisch

ca. 3 m Schafsdarm

2,4 g Fenchelsamen

1,6 g gemahlener Kreuzkümmel

3 g Paprikagewürz

18 g Meersalz

1,7 g Pfeffer aus der Mühle

15 g Harissa (Gewürzpaste)

2–3 scharfe Chilischoten

2–3 Knoblauchzehen

3 EL Olivenöl

**WERKZEUGE**

Fleischwolf mit feiner Scheibe

Wurstaufsatz mit Wursttülle

(ca. 20 mm) oder Wurstfüller

große Rührschüssel (Edelstahl)

feine Waage

Knoblauchpresse

evtl. Kaffeemühle oder Mörser

Latexhandschuhe

scharfe Schere

Frische Bratwürste selbst zu machen ist wirklich kein Hexenwerk. Selbst mit einem einfachen, handbetriebenen Fleischwolf und beispielsweise einem Spritzbeutel für Torten kann man beim Wursten erfolgreich sein. Das ist zwar ein wenig fummelig, aber dafür ein echter Spaß! Wesentlich einfacher und effizienter arbeitet natürlich ein elektrischer Fleischwolf mit passenden Aufsätzen zum Befüllen des Darms. Die professionellste Methode wäre der elektrische Fleischwolf und der Wurstfüller, eine Art Riesensilikonspritze mit Kurbel, aufrecht oder senkrecht am Tisch montiert. Der Erwerb einer solchen Kombination lohnt sich aber nur dann, wenn man regelmäßig Würste herstellt und sich auch über die weitergehende Verarbeitung so entstandener Wurstmengen im Klaren ist. Richtiges Wursten ist nämlich ein anspruchsvolles Handwerk, das weit über das einfache Befüllen eines Darms mit gewürztem Hack hinausgeht. Ohne unsere leckeren Merguez abwerten zu wollen, sind sie nämlich wie die meisten frischen Bratwürste in der Herstellung ein eher einfacher Vertreter ihrer Art. Ihrem Ruf als tolle Grillwurst schadet das natürlich keineswegs und besonders in Frankreich gehört die ursprünglich aus Nordafrika stammende Leckerei zu den beliebtesten Sorten. Diese Herkunft erklärt auch das völlige Fehlen von Schweinefleisch, das bei fast allen anderen Würsten mit Abstand das beliebteste Ausgangsmaterial ist. Außerdem sind sie, zumindest bei diesem Rezept, relativ fettarm. Da sie aus rohem Fleisch hergestellt werden, sollte man sie auch unmittelbar nach dem Wursten verbrauchen. Am besten schmecken sie natürlich vom Grill. Frisches Hackfleisch ist sehr anfällig für Bakterien! Daher sollte unbedingt auf eine ausreichende Kühlung aller Zutaten und Utensilien geachtet werden – wenn man diese Regel befolgt, kann eigentlich nichts mehr schiefgehen und leckeren Eigenkreationen steht nichts mehr im Weg.

**ZUBEREITUNG NÄCHSTE SEITE**

# MERGUEZ

**ZUBEREITUNG**  Sämtliche Zutaten und Utensilien sollten so kalt wie möglich sein. Teile des Fleischwolfs, die unmittelbar mit dem Fleisch in Kontakt kommen (Füllwanne, Schnecke, Messer usw.) und die Edelstahlschüssel, die später zum Vermengen der gewolften Wurstmasse gebraucht wird, für etwa 1 Stunde in den Tiefkühler legen. Fleisch in Würfel schneiden und im Tiefkühler 3–4 Stunden anfrieren lassen. Schafsdarm gründlich waschen und innen ausspülen. Den gewaschenen Darm sorgfältig in eine Schüssel kaltes Wasser legen, dabei den Anfang des Darms etwas über den Schüsselrand hängen lassen. So muss man nicht nach dem Darmanfang suchen, was verheerend enden kann. Denn wenn der Darm erstmal heillos verknotet ist, ist es sehr schwer, ihn wieder zu entwirren.

Gewürze auf das Gramm genau abwiegen. Chilischoten putzen und mit angefrorenem Fleisch durch die feine Scheibe des Fleischwolfs in die kalte Rührschüssel drehen. Die Knoblauchzehen schälen und in das Hack pressen. Fenchelsamen im Mörser zerstoßen oder in einer Kaffeemühle mahlen. Fenchel und alle weiteren Zutaten in die Hackmasse geben. Latexhandschuhe anziehen und die Masse intensiv durchmengen, bis ein relativ feines Wurstbrät entstanden ist. Fleischwolf zum Wurstfüller umbauen oder einen speziellen Wurstfüller aufstellen. Darmanfang über die Spitze der Wursttülle stülpen. Darm so weit auf die Wursttülle streifen, bis nichts mehr draufgeht. Ist der Darm länger, mit einer scharfen Schere abschneiden. Etwa 4 cm des Darmendes von der Wursttülle herunterhängen lassen.

Nun Fleischwolf oder Wurstfüller dicht mit Brät befüllen, sodass möglichst keine Lufteinschlüsse bleiben. Fleischwolf einschalten, Brät in den Wolf pressen und solange laufen lassen, bis das Brät den Ausgang der Tülle erreicht hat. Fleischwolf ausschalten und das Darmende so zuknoten, dass keine Luftblase im Darm entsteht. Fleischwolf wieder einschalten und den ganzen Darm gleichmäßig mit dem Brät befüllen. Luftblasen vermeiden und darauf achten, dass kein Stau entsteht. Das braucht ein klein wenig Übung, aber man hat schnell den Bogen raus! Am besten geht das natürlich zu zweit: Der eine presst das Brät in den Wolf, der andere formt die Wurst. Mit dem Wurstfüller arbeitet man besser allein. Darm auf der Tülle ggf. hin und wieder mit Wasser befeuchten. Ist der ganze Darm verbraucht, das Ende zuknoten. Die jetzt entstandene Wurstschlange mit beiden Händen am Ende umfassen, etwa eine Handbreit abmessen und mit 4–5 Umdrehungen eine Wurst abdrehen. Mit dem Rest der Wurstschlange genauso verfahren, dabei immer in die gleiche Richtung drehen. Würste einzeln, in Paaren oder nach Wunsch abschneiden und zeitnah grillen oder braten.

PERFEKTE ROLLENVERTEILUNG AUF UND AM GRILL.

WARTEN AUF DEN
RICHTIGEN MOMENT...

PFOTEN WEG! ERST WIRD GEGRILLT!

# DRY-AGED-ENTRECOTE

**ZUBEREITUNGSZEIT**

**3–8 WOCHEN**

**ZUTATEN FÜR 8–10 PORTIONEN**

3–4 kg Entrecote am Stück,

10–12 Tage gereift (handelsüblich)

grob gemahlener Pfeffer aus der

Mühle

Fleur de Sel

evtl. gutes Olivenöl

**WERKZEUGE**

Dry-Aging-Reifebeutel

(große Größe, z. B. von 55Grad.Biz)

Kühlschrank

Gitterrost

sehr scharfes Messer

Feuerstelle mit Grillrost

Holzkohlebriketts

Grillzange

evtl. Bratpfanne

Echte Fleischliebhaber haben mit Sicherheit schon von diesem Verfahren zur Fleischveredelung gehört. Was sich genau dahinter verbirgt, ist nichts anderes als das traditionelle Abhängen des Fleisches in einer trockenen, gekühlten Atmosphäre. Dabei werden durch verschiedene Stoffwechselvorgänge im Fleisch die harten Muskelfasern aufgelöst und das Fleisch wird zart und saftig. Handelsübliches Rindfleisch sollte etwa 2 Wochen gereift sein, Wild und Kalbfleisch etwa 1 Woche, Schwein und Geflügel etwa 3 Tage. Wer jedoch ein ganz besonders zartes und aromatisches Steak haben will, und von nichts anderem reden wir hier, sollte die Reifung von Rindfleisch auf 6–8 Wochen ausdehnen. Das Fleisch verliert bei dieser Methode allerdings fast 30 Prozent seines ursprünglichen Volumens an Wasser, was das Verfahren teuer und zeitaufwendig macht. Außerdem muss noch die getrocknete Fleischoberfläche weggeschnitten werden, wodurch sich die ursprüngliche Fleischmenge nochmals verkleinert. Deshalb ist es nicht sinnvoll, ein einzelnes Steak reifen zu lassen, weil nach dem Parieren (das Entfernen von sichtbarem Fett) davon höchstens eine Kinderportion übrig bleibt. Für den Hausgebrauch eignen sich am besten gut durchwachsene Stücke mit einer ausgeprägten Fettschicht – beispielsweise Entrecote oder Rib-Eye – mit einem Gewicht von etwa 3–4 Kilogramm. Das ist eine Größe, die sich gut handhaben lässt. Die Reifung findet nämlich im Kühlschrank statt und Butter, Käse etc. brauchen ja schließlich auch noch ein bisschen Platz.

Diese Langzeitreifung empfiehlt sich jedoch nur für Rindfleisch! Schweinefleisch verdirbt wesentlich schneller – und obwohl es schon Metzger gibt, die erfolgreich mit Dry-Aged-Schweinefleisch experimentieren, beschränken wir uns hier auf das Reifen von Rindfleisch. Der Handel bietet spezielle Reifebeutel zum Einschweißen des Fleisches an. Diese sind luftdurchlässig und nicht mit den üblichen Folienbeuteln zu vergleichen. Bereits nach 3 Wochen Reifung im Kühlschrank erreicht man eine Fleischqualität, die im normalen Handel nur schwer zu finden ist und die sowohl das lange Warten wie auch den höheren Preis allemal wettmacht.

**ZUBEREITUNG NÄCHSTE SEITE**

BLOSS KEIN STUMPFES
MESSER NEHMEN!

**ZUBEREITUNG** Fleisch ungewaschen in die Folienbeutel legen und Luft absaugen. Dicht verschließen und für mindestens 3 Wochen in den ca. 3 °C kalten Kühlschrank legen. Das Fleisch muss von allen Seiten Luft bekommen, daher nicht auf die Glasflächen des Kühlschranks legen, sondern auf einen Gitterrost.

Fleisch aus der Folie nehmen und mit einem sehr scharfen Messer die getrocknete Schicht rings um das Fleischstück komplett wegschneiden, bis keine harten Stellen mehr vorhanden sind. Steaks von etwa 3–4 cm Dicke abschneiden – nicht dünner (siehe weiter unten und rechts)! Wenn das Entrecote direkt aus dem Kühlschrank genommen wurde, Steaks 40–60 Minuten Zimmertemperatur annehmen lassen. Steaks mit grob gemahlenem Pfeffer aus der Mühle pfeffern. Ob das Fleisch vorher oder nachher gesalzen wird, ist jedem selbst überlassen. Beide Methoden liefern hervorragende Ergebnisse. In diesem Fall bestreue ich die Steaks erst nach dem Grillen mit Fleur de Sel.

Der Grill muss nun so heiß sein, dass, wenn man die Handfläche auf der Höhe über die Kohlen hält, wo gleich das Fleisch gegrillt werden soll, man es gerade so schafft, bis 3 zu zählen (21, 22, 23), bis man die Hand wegziehen muss. Natürlich ist jeder Mensch unterschiedlich empfindlich, aber als grobe Regel funktioniert das sehr gut.

Steaks auf den Rost legen und ca. 5 Minuten auf einer Seite grillen. Eine richtig schöne Kruste muss entstehen, denn genau die lieben wir doch so an Steaks! Die Kruste darf jedoch nicht hart oder trocken sein, das wäre zu viel des Guten. Steaks mit der Grillzange wenden und nochmals 5 Minuten grillen. Sind die Steaks zu dünn geschnitten, garen sie durch, bevor sie eine Kruste erhalten. Deshalb die Steaks immer schön dick schneiden! Sind sie dennoch dünner geschnitten, muss der Grill noch etwas heißer sein. Dann nur je ca. 3 Minuten pro Seite grillen.

Wichtig ist, die Steaks nach dem Grillen etwa 3 Minuten ruhen zu lassen! Entweder am kühleren Rand des Grills oder wie in meiner Feuerschale auf einer höheren Ebene, wo es noch warm genug ist, sodass die Steaks nicht auskühlen. Durch das Ruhen entspannen sich die Fleischfasern im Steak, beim Schneiden läuft nicht so viel Saft aus, sondern bleibt im Fleisch. Nicht in Alufolie wickeln, da der austretende Fleischsaft die Kruste aufweicht. Auch hier ist es wieder von Vorteil, wenn die Steaks schön dick geschnitten sind, weil ein dickeres Fleischstück viel langsamer auskühlt als ein dünnes.

Perfekt wäre es nun, die Steaks kurz (!) in eine Pfanne mit aromatisierter heißer Butter (z. B. mit Rosmarin, Thymian, Knoblauch) zu legen und die heiße Butter mit einem Löffel mehrmals über das Steak zu schöpfen. Dadurch nimmt es die leckeren Aromen an und wird wieder richtig heiß. Das muss aber nicht unbedingt sein, denn auch ohne das sogenannte Arosieren werden die Steaks großartig. Die Steaks mit Fleur de Sel bestreuen, ggf. etwas gutes Olivenöl darüberträufeln und sofort servieren.

# SCHWEINEBAUCH, KROSS GEGRILLT

**ZUBEREITUNGSZEIT**
**CA. 2 STUNDEN**

**ZUTATEN FÜR 4–5 PORTIONEN**

200 g Stangensellerie

2 Zwiebeln

2–3 Knoblauchzehen

1 EL Butterschmalz

ca. 1 l Gemüse- oder Rinderfond

1,2 kg Schweinebauch mit Schwarte

Meersalz, Pfeffer aus der Mühle

2 Lorbeerblätter

200 ml dunkles Bier

**ZUM BESTREICHEN**

1 Chilischote

1 EL Honig

1 EL Sojasoße

1 Prise Meersalz

**WERKZEUGE**

Gansbräter mit Siebeinsatz

Fleischgabel

scharfes Messer

Tasse

Backpinsel

Schweinebauch ist ja eigentlich nichts anderes als Spareribs mit mehr Fleisch auf den Knochen und einer Schwarte. Kauft man beim Metzger ein größeres Stück Schweinebauch, sind die Knochen in der Regel noch drin und die Schwarte noch dran. Gut so, denn die Knochen machen das Fleisch beim Garen saftiger und die Schwarte ist ja sowieso der Clou bei diesem Rezept!

**ZUBEREITUNG** Sellerie und Zwiebeln putzen und klein schneiden, Knoblauchzehen schälen und halbieren. In dem Gansbräter Butterschmalz erhitzen, Gemüse dazugeben und anschwitzen, mit Fond ablöschen. Schweinebauch salzen und pfeffern. Sieb in den Bräter legen und Schweinebauch mit der Schwarte nach unten auf das Sieb legen. Lorbeerblätter dazugeben und alles mit Bier übergießen. Bei mittlerer Hitze ca. 1,5 Stunden schmoren lassen, die Flüssigkeit sollte leicht simmern. Den Schweinebauch nicht wenden!

Nach dem Schmoren Fleisch mit der Fleischgabel herausnehmen und die nun weiche Schwarte mit einem scharfen (!) Messer streifig oder rautenförmig einschneiden.

Die Chilischote putzen und fein hacken. Honig, Sojasoße, Salz und gehackte Chilischote in einer Tasse verrühren und den Schweinebauch auf allen Seiten mit der Marinade bestreichen. Auf dem Grill etwa 30 Minuten kross grillen, dabei mehrmals wenden und mit Marinade bestreichen, bis die Schwarte schön knusprig ist.

# STEAK-SANDWICH

**ZUBEREITUNGSZEIT**
**CA. 25 MINUTEN**

**ZUTATEN FÜR 5 SANDWICHES**
5 frisch gebackene Brotfladen
(S. 107)

**KNOBLAUCHBUTTER**
8 Knoblauchzehen
125 g zimmerwarme Butter
1 gestr. TL Meersalz

**BELAG**
2 Tomaten
1 große Zwiebel
1 Salatkopf
(z. B. Kopfsalat, Eichblattsalat)
500 g Rinderfilet
Pfeffer aus der Mühle
Olivenöl
Fleur de Sel
evtl. ein paar Scheiben Käse
(z. B. Manchego, Emmentaler)

**WERKZEUGE**
Knoblauchpresse
kleine Rührschüssel oder Tasse
Grill
Grillplatte

Auf der Atlantikinsel Madeira gibt es diese großartigen Sandwiches an jeder Ecke und auch in Südamerika sind sie als „Chivito" sehr beliebt – dort allerdings viel dicker belegt, teilweise echte Monster! Auf Madeira heißen sie „Sandes", was einfach nur Sandwich bedeutet. Sie sind wesentlich dünner und kosten fast nichts, obwohl sie mit feinstem Rindfleisch belegt sind. Das wird hauchdünn geschnitten und geklopft, mit reichlich Knoblauchbutter zügig und heiß gegrillt. Mit Tomaten und Zwiebeln in einem flachen Weizenbrötchen – eine Freude für den Gaumen! Die Zubereitung klingt recht einfach und das ist sie auch. Funktioniert aber – wie so oft – nur mit den besten und frischesten Zutaten! Daher lohnt es sich auch, die Brotfladen selbst zu backen. Fehlen hierzu die Möglichkeiten, kann man auch auf frisches, getoastetes Ciabatta oder Fladenbrot umsteigen. Das wäre aber nur der halbe Spaß!

**ZUBEREITUNG** Die Knoblauchzehen schälen und mit der Knoblauchpresse in die zimmerwarme Butter pressen. Meersalz dazugeben und alles gut vermengen. Mit Klarsichtfolie abdecken, Knoblauchbutter beiseitestellen.

Tomaten waschen, Zwiebel putzen und jeweils in möglichst dünne Scheiben schneiden oder hobeln. Salatblätter waschen, trocken tupfen und bereitlegen. Die Brotfladen quer aufschneiden. Das Rinderfilet in etwa 5 mm dünne Scheiben schneiden. Mit der Faust (nicht mit dem Fleischklopfer) so dünn wie möglich ausklopfen und gut pfeffern. Den Grill stark erhitzen, die Steaks mit Olivenöl und etwas Knoblauchbutter einreiben, pro Seite ca. 1 Minute sehr heiß grillen. Der Grill sollte so heiß wie möglich sein!

Die fertigen Steaks mit Fleur de Sel bestreuen. Knoblauchbutter auf beide Hälften der Brotfladen streichen, Salat, Zwiebeln, Tomaten und Steak auflegen. Nach Geschmack mit einer Scheibe Käse belegen, die zweite Brothälfte auflegen, das Sandwich mit den Händen etwas platt drücken und sofort servieren.

# SEETEUFEL MIT COCKTAILTOMATEN
# UND ZWIEBELBROT

**ZUBEREITUNGSZEIT**

**CA. 1 STUNDE**

**ZUTATEN FÜR 4 PORTIONEN**

16 Cocktailtomaten

1 Zwiebel

3 Knoblauchzehen

4 gehäutete Seeteufelfilets

Meersalz, Pfeffer aus der Mühle

6 EL Olivenöl

200 ml Weißwein

1 Handvoll Kerbel

1 EL Dill

100 ml Sahne

2 EL rote Pfefferbeeren

1 EL Butter

Zwiebelbrot als Beilage (S. 48)

**WERKZEUGE**

Bratpfanne

Bräter oder Topf mit Deckel

(bei Zubereitung am Feuer)

So ein Seeteufel sieht wirklich fantastisch aus! Er hat ein riesiges Maul, mit dem er, meist auf dem Meeresboden liegend, neugierige Fische einsaugt, die sich zu sehr für seinen Köder interessieren. Dieser falsche Köder hängt an einer Art Angel an der Rückenflosse des Seeteufels, weshalb er auch Anglerfisch genannt wird Im Fischgeschäft hat man in der Regel nicht die Möglichkeit, die ganze Pracht eines Seeteufels zu bewundern, da dort oft nur der essbare Schwanz des Fisches angeboten wird. Der Kopf wird vorher abgeschnitten, weil er als zu hässlich gilt. Der verbleibende Schwanz jedoch ist eine absolute Delikatesse. Er ist grätenfrei, hat nur einen durchgehenden Knochen, ist von fester Konsistenz und schmeckt mild. Leider ist auch der Seeteufel – wie so viele andere seiner Artgenossen – stark überfischt. Deshalb sollte man beim Kauf zumindest auf das MSC-Gütesiegel für nachhaltig gefangenen Fisch achten.

**ZUBEREITUNG** Die Cocktailtomaten waschen und trocken tupfen. Zwiebel schälen und in feine Würfel schneiden. Knoblauchzehen schälen und fein schneiden. Seeteufelfilets trocken tupfen, salzen, pfeffern und ca. 10 Minuten beidseitig in Olivenöl anbraten. Fisch herausnehmen und im Ofen warm halten. Kocht man auf einer Feuerstelle, lässt sich der Fisch sehr gut in einem Bräter oder Topf mit Deckel warm halten, der in einer kühleren Zone am Rand der Glut steht. Zwiebelwürfel in die Pfanne geben, in der zuvor der Seeteufel angebraten wurde, und 2 Minuten glasig dünsten. Knoblauch dazugeben und 3 Minuten mitbraten. Cocktailtomaten dazugeben, salzen und alles 3 Minuten gut durchschwenken. Weißwein dazugeben und den Bratensatz lösen. Etwas einkochen lassen. In der Zwischenzeit Kerbel und Dill fein hacken. Sahne dazugießen und die Pfanne vom Feuer nehmen. Pfefferbeeren, Kerbel und Dill dazugeben, etwas kalte Butter unterrühren (montieren) und abschmecken. Den Fisch wieder dazugeben und alles 5 Minuten abgedeckt ziehen lassen. Mit Zwiebelbrot servieren.

GIBT ES ETWAS BESSERES ALS
GLÜCKLICHE GÄSTE?

# CEVICHE

ZUBEREITUNGSZEIT
CA. 90 MINUTEN

**ZUTATEN FÜR 4 PORTIONEN**

400 g Kabeljaufilet

1–2 TL Fleur de Sel oder gutes
Meersalz

6–8 Limetten

8 Cocktailtomaten

1 rote Zwiebel

1 Bund Koriander

1–2 Chilischoten

150 ml gutes, natives Olivenöl

1 Knoblauchzehe

Meersalz, Pfeffer aus der Mühle

1 Kopf Eichblattsalat

Weiß- oder Schwarzbrot als Beilage

**WERKZEUGE**

scharfes Messer

große, flache Schale zum Marinieren

Frischhaltefolie

2 kleine Schüsseln

Mixer oder Pürierstab

Ceviche kommt aus Peru und hat sich, seit die ganze Welt durch Sushi an frischen, rohen Fisch gewöhnt ist, zu einer sehr beliebten Vorspeise oder Zwischenmahlzeit entwickelt. Beim Ceviche ist der Fisch allerdings nicht roh, sondern wird in Limettensaft mariniert. Das im Fisch enthaltene Eiweiß denaturiert, was denselben Effekt wie das Kochen, Dünsten oder Braten hat. Ceviche ist also praktisch kalt gekocht, wenn man so will. Dieses Prinzip wird auch bei den italienischen Alici marinate oder den spanischen Boquerones angewendet, hier werden jedoch kleine Sardinen verarbeitet. Das deutsche Ceviche wäre dann wohl der Rollmops, bei dem allerdings noch ordentlich Salz in die Marinade kommt. Außerdem dauert die Zubereitung etwa 4 Wochen – nichts für spontane Fischfreuden. Für Ceviche eignet sich praktisch jeder Fisch mit festem Fleisch. Sehr gut dafür sind Kabeljau, Zander, Dorade, Wolfsbarsch, Seezunge, Seeteufel oder auch Lachs.

**ZUBEREITUNG** Kabeljaufilet kurz mit kaltem Wasser waschen und trocken tupfen. Mit einem scharfen Messer in ca. 2–3 mm dünne Scheiben schneiden. In eine große, flache Schale legen, Fischscheiben dabei nicht zu dick aufeinanderstapeln. Mit Fleur de Sel bestreuen. Limetten auspressen und den Fisch damit komplett bedecken, notfalls 1–2 Limetten mehr auspressen. Schale mit Folie abdecken und ca. 60 Minuten an einem kühlen Ort marinieren lassen. Inzwischen Tomaten waschen, trocken tupfen und in kleine Würfel schneiden, Zwiebel schälen und in dünne Ringe schneiden, Koriander waschen, trocken schütteln und fein hacken, Chilischoten putzen, ggf. Kerne entfernen und ebenfalls fein hacken.

Ist der Fisch fertig mariniert, den Limettensaft vorsichtig in eine Schüssel abgießen und den Fisch auf einem gekühlten Teller anrichten. Aufgefangenen Limettensaft mit Olivenöl, geschälter Knoblauchzehe, Salz und Pfeffer mit einem Pürierstab oder im Mixer zu einer Vinaigrette verrühren. Eichblattsalat hübsch auf dem Fisch anrichten, Tomaten, Zwiebeln, Chilischote und Koriander daraufgeben und mit der Vinaigrette beträufeln. Etwas Pfeffer darübermahlen und servieren. Dazu frisches Weiß- oder Schwarzbrot reichen.

# STECKERLFISCH

**ZUBEREITUNGSZEIT**
**CA. 1 STUNDE**

**ZUTATEN FÜR 4 PORTIONEN**

4 Fische (z. B. Forelle, Makrele,
Weißfische)
Saft von 1 Zitrone
8 EL Olivenöl
1 gepresste Knoblauchzehe
1 gute Prise Paprikagewürz
1 TL getrockneter Thymian
½ TL Meersalz
½ TL Pfeffer aus der Mühle

**WERKZEUGE**

scharfes Messer
Knoblauchpresse
Pinsel zum Bestreichen
entrindete, angespitzte Stöcke
(daumendick, ca. 1 m lang)

Als die frühen Menschen begriffen haben, dass man Tiere nicht ausschließlich roh verzehren muss, war der Steckerlfisch mit Sicherheit eines der ersten Gerichte auf der Höhlenspeisekarte. Bestimmt hieß er aber noch nicht Steckerlfisch, weil das Bayerische wahrscheinlich noch nicht erfunden war. An der Zubereitung hat sich jedoch bis heute nichts geändert, außer dass wir den Fisch mit einer würzigen Marinade bestreichen.
Wichtig ist, dass der Fisch zügig schön kross gebraten wird, denn die leckere Haut isst man natürlich mit.

**ZUBEREITUNG** Die Fische ausnehmen, gründlich abschuppen und waschen. Ausgenommene Fische innen mit Zitronensaft beträufeln. Die entrindeten und angespitzten Stöcke durch das Maul der Fische schieben und in das hintere Ende treiben. Die Stockspitze sollte nur ein klein wenig aus dem Fisch herausschauen. Wird der Stock ganz durchgeschoben, lässt sich der Fisch eventuell nicht mehr über dem Feuer drehen. Aus den restlichen Zutaten eine Marinade rühren und die Fische innen und außen damit bestreichen. Das Feuer sollte hauptsächlich aus viel guter Glut bestehen. Fische über der Glut solange braten, bis die Haut schön kross geworden ist. Zwischendurch mit der Marinade bestreichen. Dazu passen Weißbrot, Brezeln, Kartoffelsalat und Bier.

WIE MAN DEN FISCH AUF DEN STOCK SCHIEBT, IST
EIGENTLICH EGAL – HAUPTSACHE, ER HÄLT!

ALLES ANDERE ALS SPIESSIG.
DIE EINFACHSTE FORM DES BRATENS:
FISCH AUF STOCK – FERTIG!

# LAMMKEULE AM SPIESS

**ZUBEREITUNGSZEIT**

**3 STUNDEN**

**ZUTATEN FÜR 4 PORTIONEN**

1 kleine Dose geschälte Tomaten

(400 g)

4 EL Ahornsirup

½ TL Kümmel

½ TL Fenchelsamen

2 Gewürznelken

10 schwarze Pfefferkörner

1 TL Meersalz

500 ml Kalbsfond

100 ml halbtrockener Sherry

50 ml Olivenöl

1 unbehandelte Orange

1 Knoblauchknolle

3 Zweige Rosmarin

1 Handvoll frische Thymianblätter

6 Lorbeerblätter

1,5–2 kg Lammkeule mit Knochen

**WERKZEUGE**

Dutch Oven 12", Bratentopf oder

Bräter

Mörser

scharfes Messer

Holzkohlebriketts

Drehspieß

Wow, so ein Drehspieß macht schon was her! Aber diese archaische Art des Bratens sieht nicht nur umwerfend aus, sondern hat auch noch ein paar ganz entscheidende Vorteile gegenüber dem Braten im Ofen oder auf dem Grill. Während nämlich im geschlossenen Ofen ein eher dampfiges Klima herrscht, kann sich die leckere Kruste am Spieß ungehemmt entfalten. Zudem begießt sich der Braten durch das Drehen quasi permanent selbst mit den kostbaren Säften, die beim Garen austreten, und die tollen Raucharomen vom Feuer sind sowieso unbezahlbar. Allerdings braucht man schon etwas Erfahrung, um ein großes Fleischstück komplett am Spieß zuzubereiten. Die Hitze muss mit Bedacht gewählt werden, da das Fleisch sonst verbrennt, ohne durchzugaren. Das wollen wir natürlich nicht und deshalb wird bei diesem Rezept die Keule in einer leckeren Marinade saftig vorgegart und erst dann aufgespießt. So kann eigentlich nichts mehr schiefgehen – und das Ergebnis ist eine unglaublich saftige und zugleich knusprige Lammkeule.

**ZUBEREITUNG**   Dosentomaten so fein wie möglich zerkleinern oder passieren und mit Ahornsirup in den Topf geben. Kümmel, Fenchelsamen, Gewürznelken, Pfefferkörner und Meersalz im Mörser fein mörsern und Gewürzmischung zu den Tomaten geben. Kalbsfond, Sherry und Olivenöl dazugießen. Schale von der Orange abreiben, den Saft auspressen. Knoblauch schälen, zusammen mit Orangenschale, Orangensaft, vom Zweig gezupftem und fein gehacktem Rosmarin, Thymian- und Lorbeerblättern in den Topf geben. Alles gut verrühren. Jetzt die Lammkeule mit einem scharfen Messer in Abständen von ungefähr 3 cm der Länge nach etwa 1 cm tief einschneiden. Marinade intensiv in das Fleisch einmassieren. Deckel vom Dutch Oven schließen und die Lammkeule mit 10 Kohlen unter dem Topf und 10 Kohlen auf dem Deckel 2 Stunden garen.

Alternativ kann das auch zu Hause mit einem Bräter im Ofen geschehen. Die Lammkeule in diesem Fall nach dem Garen im gut verschlossenen Bräter und in der Marinade zur Feuerstelle transportieren. Danach die Keule auf den Spieß stecken und bei moderater Hitze ca. 25 Minuten knusprig braten. Dabei öfter mit der Marinade aus dem Topf bestreichen. Wenn die Keule ringsum knusprig ist, vom Feuer nehmen und 5 Minuten ruhen lassen. Aufschneiden und servieren.

EIN SONNIGER DREHTAG!
WAS WILL MAN MEHR?

# BROTFLADEN AUF DER GRILLPLATTE

**ZUBEREITUNGSZEIT**

**CA. 2 STUNDEN**

**ZUTATEN FÜR CA. 14 STÜCK**

1 kg Weizenmehl (Type 405)

1 EL Meersalz

1 Würfel frische Hefe (42 g) oder

2 Tütchen Trockenhefe

3 EL Olivenöl

2 EL Butter oder Olivenöl zum

Bestreichen

Oder Pizzateig von S. 122

herstellen.

**WERKZEUGE**

Rührschüssel

Gabel zum Anrühren

2 saubere Küchenhandtücher

Nudelholz oder Weinflasche

scharfes Messer

Grillplatte

Butterpfännchen

Backpinsel

Diese Brotfladen sind einfach herzustellen und man kann sie praktisch überall backen: im Ofen, in der Pfanne, auf heißen Steinen oder – wie in diesem Fall – auf der Grillplatte. Sie sind das perfekte Brot für Steak-Sandwiches, Köfte-Burger und vieles mehr. Durch ihr praktisches Format lassen sie sich auch Tage später im Toaster wieder aufbacken. Den Hefeteig kann man prima nebenher zubereiten. Wichtig ist, dass alle Zutaten und auch die Rührschüssel gut angewärmt sind, denn dann geht der Teig auf jeden Fall gut auf. Bei der Verwendung von Trocken- statt Frischhefe kann man sich den Vorteig sparen: Sämtliche Zutaten samt Trockenhefe werden einfach miteinander vermischt.

**ZUBEREITUNG** Mehl und Salz in eine warme Rührschüssel geben und vermischen. In die Mitte eine etwa faustgroße Mulde drücken und Frischhefe hineinbröckeln. Etwa 100 ml warmes Wasser (ca. 35 °C) zur Hefe geben und mit einer Gabel und etwas Mehl so verrühren, dass ein breiiger Teig entsteht, der vom übrigen Mehl umgeben ist. Den „Kratersee" aus Vorteig mit etwas Mehl bestäuben und mit einem feuchten Küchenhandtuch abdecken. An einem warmen Ort 15–20 Minuten gehen lassen, bis sich die Teigmenge etwa verdoppelt hat.

Anschließend den Vorteig mit dem gesamten Mehl in der Schüssel verkneten. Dabei Olivenöl und so viel warmes Wasser dazugeben, dass ein elastischer Teig entsteht, der nicht mehr am Schüsselrand klebt. Teig mit den Händen etwa 10 Minuten intensiv durchkneten,

**FORTSETZUNG ZUBEREITUNG NÄCHSTE SEITE**

NIE VERKEHRT: BROT UND SPIELE!

## FORTSETZUNG ZUBEREITUNG

dann zu einer Kugel formen. Rührschüssel mit etwas Mehl bestäuben und Teigkugel hineinlegen. Wieder mit dem feuchten Tuch bedecken und 30–60 Minuten (je nach Umgebungstemperatur) an einem warmen Ort gehen lassen, bis sich das Volumen wieder verdoppelt hat.

Teigkugel auf einer bemehlten Fläche ca. 1 cm dick ausrollen und mit einem scharfen Messer in 14–16 Stücke teilen. Fladenstücke nebeneinander auf der bemehlten Fläche auslegen und mit einem trockenen Tuch bedecken. Etwa weitere 20 Minuten gehen lassen, sodass die Fladen eine Dicke von etwa 2 cm haben.

Die Grillplatte moderat erhitzen, Butter in einem Butterpfännchen schmelzen. Die Fladen mit etwas zerlassener Butter oder Olivenöl bepinseln und auf der heißen Grillplatte unter Wenden 8–10 Minuten backen. Sie sollten sich beim Klopfen hohl anhören und eine schöne, braune Kruste haben.

# FILETS IM SPECKMANTEL MIT PASTINAKEN UND GRÜNEM BOHNENSALAT

**ZUBEREITUNGSZEIT**

**CA. 45 MINUTEN**

**ZUTATEN FÜR 4 PORTIONEN**

**BOHNENSALAT**

500 g grüne Bohnen

1 Zweig Bohnenkraut

1 große Zwiebel

5 EL weißer Balsamico-Essig

4 EL Walnussöl

Meersalz, Pfeffer aus der Mühle

**FILETS IM SPECKMANTEL**

8 Streifen Bacon

4 Stücke Rinderfilet (ca. 6 cm dick)

16 frische Salbeiblätter

3 Pastinaken (ca. 150 g)

Meersalz

fruchtiges Olivenöl

brauner Zucker

Fleur de Sel

**WERKZEUGE**

mittelgroße Schüssel

kleiner Kochtopf

festes Garn oder Küchengarn

Grillplatte

Bis zur Verbreitung der Kartoffel war die Pastinake eines der wichtigsten Grundnahrungsmittel in Deutschland. Wer also denkt, dass es sich bei diesem leckeren Gewächs um ein neues fernöstliches Trendgemüse handelt, liegt leicht daneben. Der gebräuchlichste Begriff „Pastinak" kommt übrigens wahrscheinlich vom lateinischen Wort „pastus" und bedeutet so viel wie „Nahrung" oder „Futter". Der Geschmack liegt irgendwo zwischen Karotte und Sellerie. Besonders die im Winterfrost geernteten Wurzeln sind süß und mild. Pastinaken sind einfach zuzubereiten. Man kann sie roh essen, als Salat raspeln, kochen, braten oder wie Karotten dünsten. Als Püree sind sie eine großartige Alternative zu Kartoffelbrei und auf dem Grill machen sie auch eine gute Figur.

**ZUBEREITUNG BOHNENSALAT** Bohnen waschen und putzen, mit Bohnenkraut in Salzwasser kochen, sodass sie noch Biss haben. Bohnen abgießen, etwas abkühlen lassen und in eine Schüssel geben. Das Bohnenkraut entfernen. Zwiebeln schälen und fein würfeln. Mit weißem Balsamico, Walnussöl, Salz und Pfeffer zu den Bohnen geben und untermengen. Möglichst lauwarm servieren.

**ZUBEREITUNG STEAKS** Den Bacon in einen kleinen Topf mit kaltem Wasser legen, zum Simmern bringen, herausnehmen und trocken tupfen. Filetstücke an ihrer runden Seite mit je 4 Salbeiblättern belegen, Bacon darumwickeln und mit Garn umbinden. Auf der Grillplatte zuerst die runden Seiten mit dem Bacon braten, bis der Bacon schön crispy ist. Dann die Filets aufrecht, auf den beiden flachen Seiten je 2–3 Minuten braten. Von der Grillplatte nehmen und 3 Minuten ruhen lassen.

Die Pastinaken schälen, in dünne, ovale Scheiben schneiden oder hobeln. Salzen, mit Olivenöl beträufeln und etwa 5 Minuten auf der heißen Grillplatte mit etwas braunem Zucker rösten. Steaks und Pastinaken mit etwas Olivenöl beträufeln, Steaks mit ein wenig Fleur de Sel bestreuen. Mit Bohnensalat anrichten und servieren.

# SCHWEINEFILET MIT KANDIERTEN ORANGENSCHALEN

**ZUBEREITUNGSZEIT**
**CA. 1,5 STUNDEN**

**ZUTATEN FÜR 4 PORTIONEN**

3 unbehandelte Orangen

125 ml Dry Sherry, medium

225 ml gutes Olivenöl

Saft von ½ Orange

3 Lorbeerblätter

12 schwarze Pfefferkörner

Meersalz

ca. 800 g Schweinefilet

1 Handvoll frische Thymianzweige

3 TL brauner Zucker

Fleur de Sel

Butterschmalz

**WERKZEUGE**

Sparschäler

kleiner Topf

kleine Schüssel oder große Tasse

Grill

Grillplatte

2 breite Spachtel

Gegrillte Schweinefilets allein sind ja schon sehr delikat. Mit Orangenschale, Thymian und braunem Zucker geröstet, wird jedoch ein absoluter Leckerbissen daraus. Wichtig ist, die Seite mit den Orangenschalen wirklich gut und heiß zu braten. Nur so entfaltet sich das einmalige Aroma der Zutaten, die dann zu einer unglaublich leckeren Kruste verschmelzen.

**ZUBEREITUNG** Die Haut der Orangen mit dem Sparschäler dünn abschälen, dabei sollten etwa 5–6 cm lange und 1–2 cm breite Orangenzesten entstehen. Nur die äußere orangefarbene Haut abschälen, ohne die weiße Schicht darunter. Dickschalige Orangen lassen sich besser schälen als z. B. dünnschalige Saftorangen. In einem kleinen Topf 125 ml Wasser, Sherry, 25 ml Olivenöl, Orangensaft, Orangenzesten, Lorbeerblätter, Pfefferkörner und etwas Meersalz zum Simmern bringen und 25 Minuten köcheln. Die Zesten herausnehmen, in eine große Tasse legen und mit 200 ml Olivenöl begießen. Abdecken und beiseitestellen. Nicht verbrauchte Zesten halten sich im Kühlschrank etwa eine Woche.

Schweinefilet in 4 gleich große Teile schneiden und auf ca. 3 cm Dicke flach klopfen oder flach drücken. Filets mit den Orangenzesten belegen. Thymianzweige auf die Zesten geben. Filets mit braunem Zucker und Fleur de Sel bestreuen. Mit ein wenig von dem angesetzten Orangen-Olivenöl übergießen.

Die Grillplatte sollte so heiß sein, dass ein Wassertropfen darauf zischend tanzt oder das Öl leicht zu rauchen beginnt. Butterschmalz auf die Grillplatte geben und die Filets mit der belegten Zuckerseite nach unten auf die heiße Platte legen. Etwa 15 Minuten braten (je nach Hitze der Grillplatte), bis Orangenzesten, Thymian und Fleisch dunkelbraun geröstet sind. Mit den Spachteln vorsichtig wenden und ca. 10 Minuten fertig braten. Zum Servieren ggf. noch etwas Fleur de Sel über die Filets streuen. Dazu passen geröstetes Brot und grüner Salat mit Zwiebeln, Polenta oder Bratkartoffeln.

# PFITZAUF MIT GEZUCKERTEN ERDBEEREN

**ZUBEREITUNGSZEIT**

**CA. 1 STUNDE**


**ZUTATEN FÜR 8 PORTIONEN**


**PFITZAUF**

250 g Weizenmehl (Type 550)

1 gute Prise Salz

0,5 l Milch

4 Eier

Butter zum Ausfetten

Puderzucker zum Bestreuen


**GEZUCKERTE ERDBEEREN**

500 g Erdbeeren

Saft von ½ Zitrone

8 Blätter frische Minze

Zucker


**WERKZEUGE**

Rührschüssel

Schneebesen

kleiner Topf

Pfitzaufform, Muffinform oder

kleine Tassen

Pfitzauf ist ein fester Bestandteil der schwäbischen Küche. Es gibt sogar spezielle Pfitzaufformen aus Steingut, die nur zum Backen dieser luftigen Speise verwendet werden. Wer keine Pfitzaufform zur Hand hat, kann auch ein paar kleine Tassen oder eine Muffinform verwenden. Pfitzauf ähnelt dem Soufflé, wird jedoch etwas anders zubereitet. Trotzdem ist es immer wieder spannend, ob die Pfitzauf im Backofen „aufpfitzen" oder nicht.

**ZUBEREITUNG**   Ofen auf 180 °C vorheizen. Mehl mit einer Prise Salz und etwa der Hälfte der Milch glatt rühren. Die andere Hälfte der Milch zum Kochen bringen. Eier zum Teig geben und mit der heißen Milch fertig rühren. Keinen Zucker dazugeben! Pfitzauf- oder Muffinform mit Butter ausfetten und bis zur Hälfte mit dem flüssigen Teig füllen. Etwa 45 Minuten bei 180 °C backen, bis die Pfitzauf schön aufgegangen und lecker gebräunt sind. Mit Puderzucker bestreuen.

Die Erdbeeren waschen, putzen, klein schneiden und mit Zitronensaft beträufeln. Minze fein hacken, dazugeben und alles gut zuckern, 10 Minuten ziehen lassen. Rund um die Pfitzauf drapieren.

# PFANNKUCHEN MIT OBST AUS DEM GARTEN

**ZUBEREITUNGSZEIT**

**20 MINUTEN**

**RUHEZEIT FÜR DEN TEIG**

**30 MINUTEN**

**ZUTATEN FÜR 5 PFANNKUCHEN**

**TEIG**

30 g Butter

100 g Weizenmehl (Type 405)

1 Ei

1 Eigelb

125 ml Milch

40 ml Sahne

1 Packung Vanillezucker

1 Prise Salz

**FÜLLUNG**

300 g Mascarpone

1 gestr. TL Zimt

300–400 g Obst nach Wahl (z. B.

Pflaumen, Himbeeren, Brombeeren)

2–3 EL frische Minze

1 TL Butter

5 EL brauner Zucker

1 Likörglas Cognac

(nur für Erwachsene)

Puderzucker

**WERKZEUGE**

2 Rührschüsseln

Schneebesen

Schöpflöffel

beschichtete Bratpfanne

Glücklich ist, wer einen Obstgarten sein Eigen nennen kann! Was gibt es Besseres, als sich direkt vom Baum oder Strauch die herrlichsten Früchte zu pflücken und gleich zu vernaschen? Allerdings präsentieren sich die süßen Preziosen zur Erntezeit oftmals in einer derartigen Menge, dass man schon bald nicht mehr weiß, wohin damit. Ich habe einen prima Vorschlag, bei dem das Obst praktisch direkt vom Baum auf den Tisch kommt: Nur ein kleiner Umweg über die mit leckerem Butterkaramell dahinbrutzelnde Bratpfanne – und schon haben wir ein wahnsinnig frisches und saftiges Dessert gezaubert. Das nenne ich mal einen kurzen Transportweg!

**ZUBEREITUNG**  Butter in der Pfanne zerlassen und abkühlen lassen. Mehl, Ei, Eigelb, Milch, Sahne, 25 ml Wasser, Vanillezucker und eine Prise Salz gut miteinander verrühren. Abgekühlte, aber noch flüssige Butter dazugeben und unterrühren. Den recht flüssigen Teig abgedeckt für 30 Minuten an einer kühlen Stelle oder im Kühlschrank ruhen lassen. In der Zwischenzeit Mascarpone mit Zimt verrühren und kühl stellen. Obst von Stielen, Stängeln und ggf. Kernen befreien, waschen, gut abtropfen lassen und beiseitestellen. Größere Früchte wie Pflaumen, Mirabellen, Äpfel, Birnen, Aprikosen, Pfirsiche etc. in möglichst kleine Stücke schneiden. Beerenfrüchte ganz lassen. Die Minze fein hacken.

Fertigen Pfannkuchenteig nochmals gut durchrühren. 5–6 Pfannkuchen möglichst dünn in der Pfanne ausbacken. Zum Ausbacken benötigen wir kein zusätzliches Fett mehr: Im Teig ist die zerlassene Butter, auch in der Pfanne ist noch genügend Fett vorhanden. Die fertigen Pfannkuchen neben dem Feuer warm stellen.

**FORTSETZUNG ZUBEREITUNG NÄCHSTE SEITE**

# PFANNKUCHEN MIT OBST AUS DEM GARTEN

**FORTSETZUNG ZUBEREITUNG**

1 TL Butter in der Pfanne schmelzen, 2 EL braunen Zucker dazugeben und unterrühren, etwas karamellisieren lassen. Das Obst dazugeben und einige Minuten einkochen. Cognac auf das Obst gießen und flambieren. Wenn Kinder mitessen, den Cognac weglassen! Gehackte Minze unterrühren.

Ist der Alkohol verbrannt, die Pfanne vom Feuer nehmen und das Obst etwas abkühlen lassen. Pfannkuchen gleichmäßig mit Mascarpone bestreichen, etwas braunen Zucker darüberstreuen und abgekühltes Obst darüberstreichen. Pfannkuchen zusammenrollen, mit ein paar Beeren dekorieren, mit Puderzucker bestreuen und sofort servieren.

OBST AUS NACHBARS GARTEN
TUT ES AUCH ...

# GEBRANNTE BIRNEN MIT KARAMELLISIERTEN WALNÜSSEN UND VANILLEEIS

**ZUBEREITUNGSZEIT**
**CA. 1 STUNDE**

**ZUTATEN FÜR 4 PORTIONEN**

4 reife Birnen

1 TL Butterschmalz

50 g Butter

2 EL brauner Zucker

100 g Walnüsse

4 große Löffel Vanilleeis

Ahornsirup

**WERKZEUGE**

Sparschäler

scharfes Messer

Grill oder Feuerstelle mit Steinen und

Grillrost

Grillplatte

Bratpfanne

Backpapier

Spachtel

Reife Früchte sind einfach ein Geschenk der Götter! Der Geschmack ist voll ausgebildet, das Verhältnis von Fruchtzucker und Fruchtsäure ist ausgewogen und zur Erntezeit reicht es meistens, einfach nur den Arm auszustrecken, um an das leckere Obst zu gelangen. Reife Birnen eignen sich hervorragend zum Braten auf der Grillplatte oder in der Pfanne. Durch das Rösten bekommen sie eine feine, karamellisierte Kruste und der Geschmack intensiviert sich nochmals. Natürlich kann man auch andere Früchte verwenden – beispielsweise Pfirsiche, Äpfel oder Pflaumen.

**ZUBEREITUNG** Birnen dünn schälen, den Stiel möglichst dranlassen. Der Länge nach halbieren und das Kerngehäuse entfernen. Grillplatte gut anheizen, Butterschmalz auf der Grillplatte verteilen, halbierte Birnen mit der Schnittfläche nach unten auf die Grillplatte legen. Birnen ca. 20 Minuten braten, bis sie eine braune, karamellisierte Kruste bekommen.

In der Zwischenzeit Butter mit braunem Zucker in der Pfanne erhitzen und karamellisieren lassen. Nicht zu heiß werden lassen, weil der Karamell sonst verbrennt und bitter wird. Sobald der Zucker flüssig ist, die Walnüsse dazugeben und gut mit dem flüssigen Butterkaramell vermengen. Auf Backpapier ausbreiten und trocknen lassen. Die gerösteten Birnen mit Vanilleeis und karamellisierten Walnüssen anrichten, Ahornsirup darübergießen und servieren.

# PFANNENPIZZA AM LAGERFEUER

ZUBEREITUNGSZEIT

CA. 1,5 STUNDEN

RUHEZEIT FÜR DEN TEIG

24 STUNDEN

**ZUTATEN FÜR 8 PIZZEN**

**TOMATENSOSSE**

3 kleine Dosen geschälte Tomaten
(à 400 g) oder Pizzatomaten

3 Knoblauchzehen

5 EL Olivenöl

3 Gewürznelken

3 Lorbeerblätter

Meersalz, Pfeffer aus der Mühle

**TEIG**

1,5 kg Mehl (Type 405)

¼ Würfel frische Hefe

ca. 40 g Meersalz

**BELAG**

Olivenöl zum Ausbacken

Mozzarella

Basilikum

Rucola

**WERKZEUGE**

Rührschüssel

sauberes Küchenhandtuch

Nudelholz

Eisenpfanne

Soßentopf

Die beste Pizza kommt aus dem Steinofen! So viel ist schon mal klar. Leider sind Steinöfen doch eher unhandlich und meistens hat man gerade keinen dabei. Aber auch in einer Pfanne lässt sich eine grandiose Pizza zubereiten – vorausgesetzt, die Basis ist ein guter Teig. Der Teig in diesem Rezept wird anders zubereitet als ein gewöhnlicher Hefeteig. Man sollte ihn am Vortag herstellen, da er 24 Stunden im Kühlschrank gehen muss. Das Ergebnis ist der beste Pizzateig, den ich kenne! In faustgroße Portionen geschnitten und in Frischhaltefolie eingewickelt, hält er sich über Stunden sehr gut in einer Kühlbox.

**ZUBEREITUNG TOMATENSOSSE**   Tomaten in kleine Stücke und Knoblauchzehen in dünne Scheiben schneiden. Olivenöl in einem Topf mit möglichst dickem Boden stark erhitzen. Die klein geschnittenen Knoblauchzehen in das sehr heiße Öl geben und max. 10 Sekunden anschwitzen. Der Knoblauch darf nicht braun werden! Tomaten dazugeben, Nelken und Lorbeerblätter unterrühren. Hitze auf kleine Flamme reduzieren und Soße abgedeckt ca. 1 Stunde köcheln lassen. Immer wieder umrühren und darauf achten, dass die Soße nicht am Topfboden ansetzt. Wenn die gewünschte Konsistenz erreicht ist, die Soße eher kräftig salzen und mit etwas Pfeffer abschmecken.

**ZUBEREITUNG PFANNENPIZZA**   In einer Rührschüssel 600 g Mehl mit 625 ml kaltem Wasser, zerbröckelter Hefe und Meersalz kräftig zu einem flüssigen Teig verrühren. Schüssel mit einem Küchentuch abdecken und 20 Minuten ruhen lassen. Danach den Teig etwa 5 Minuten lang gut aufrühren. Nach und nach weitere 400 g Mehl (jeweils eine Handvoll) unterrühren. Die Schüssel abgedeckt für 24 Stunden in den Kühlschrank stellen.

**FORTSETZUNG ZUBEREITUNG NÄCHSTE SEITE**

### FORTSETZUNG ZUBEREITUNG

Am nächsten Tag restliche 500 g Mehl schrittweise in den jetzt noch sehr klebrigen Teig einarbeiten, bis dieser geschmeidig und elastisch geworden ist. Nochmals 30 Minuten ruhen lassen, dann ist der Teig fertig zum Ausrollen. Etwa faustgroße Kugeln abschneiden und so auf max. 2–3 mm Dicke ausrollen, dass sie den Pfannenboden genau bedecken. Mit den Händen lässt sich der Teig fast noch besser in Form ziehen. Wer sich traut, kann es auch gern ganz authentisch mit Werfen versuchen!

Sind die Pizzafladen geformt, Olivenöl in der Pfanne leicht erhitzen. Teig in die Pfanne gleiten lassen, am besten von einem leichten und bemehlten Holzbrett. Nach 10 Sekunden wenden, sofort mit Tomatensoße und Mozzarella belegen. Deckel auflegen und die Pizza 3–4 Minuten bei nicht zu starker Hitze, also nur über der schwächeren Glut, ausbacken. Aus der Pfanne nehmen, mit Basilikum oder Rucola bestreuen und sofort servieren.

So grandios ein Dutch Oven oder auch andere gusseiserne Koch-töpfe und Pfannen für das Kochen am Feuer geeignet sind: Eine Tomatensoße sollte man in ihnen nicht zubereiten! Die in den Tomaten enthaltene Säure löst die mühsam angelegte Schutz-schicht der Töpfe wieder auf, sodass man den Topf neu einbrennen muss. Außerdem schmeckt Tomatensoße aus Gusstöpfen unange-nehm metallisch. Ein Edelstahltopf ist für die Zubereitung der Soße die bessere Wahl.

# QUINOA-BULETTEN

**ZUBEREITUNGSZEIT**
**1,5 STUNDEN**

**ZUTATEN FÜR CA. 40 BULETTEN**

500 g Quinoa

300 ml Rotwein

1 l Gemüsebrühe

5 Lorbeerblätter

2 Zwiebeln

1 EL Butter

100 g Parmesan

1 Bund Petersilie

2 Eier

Meersalz, Pfeffer aus der Mühle

Olivenöl oder Butterschmalz zum
Ausbacken

**WERKZEUGE**

feines Sieb

Kochtopf (ca. 4 l)

Eisenpfanne

Käsereibe

scharfes Messer

Pfannenwender

Quinoa, auch Andenhirse, Reismelde oder Inkareis genannt, ist wirklich ein tolles Zeug. Sie sieht aus wie feine Hirse, schmeckt auch vergleichbar, ist aber gar kein Getreide, sondern eigentlich mit Spinat oder Roter Bete verwandt. Die Zubereitung ist einfach, die kleinen Körner sind, ähnlich wie Reis, sehr vielseitig einsetzbar, äußerst schmackhaft, glutenfrei und wahnsinnig gesund. In den Andenregionen wird Quinoa schon seit über 6000 Jahren angebaut und zählt dort zu den wichtigsten Grundnahrungsmitteln. 2013 war übrigens das offizielle „Jahr der Quinoa" – und wer bisher noch nichts von diesem leckeren Korn gehört hat, sollte einfach mal dieses simple Rezept ausprobieren!

**ZUBEREITUNG** Die Quinoa in einem Sieb unter kaltem, fließendem Wasser waschen. In einen Topf geben, Rotwein und Gemüsebrühe dazugießen, Lorbeerblätter dazugeben und ca. 30 Minuten bei schwacher Hitze köcheln, bis die Quinoa aufgequollen ist – die Kügelchen sollten jetzt aufgebrochen sein. Vom Feuer nehmen und abkühlen lassen.

Zwiebeln schälen, sehr fein würfeln und kurz in Butter anschwitzen. Den Parmesan in gequollene Quinoa reiben. Petersilie waschen, trocken schütteln, sehr fein hacken und zur Quinoa geben. Angeschwitzte Zwiebeln und Eier gut mit der Quinoa-Masse vermengen. Mit Salz und Pfeffer abschmecken und 15 Minuten ziehen lassen. Dann aus der Masse nicht zu große, eher flache Buletten formen, die etwa die Größe eines Daumenballens haben sollten. Pfanne über die Glut stellen, reichlich Öl bzw. Butterschmalz erhitzen und Buletten kross braten. Nicht zu viele Buletten auf einmal in die Pfanne geben, da sie sich dann nur umständlich wenden lassen. Buletten heiß und kross servieren.

# BEILAGEN AUS DER PAELLAPFANNE

Wo steht eigentlich geschrieben, dass man eine Paella-pfanne nur für eine Paella verwenden kann? Nicht wenige Menschen haben sich irgendwann einmal so eine preis-werte Pfanne zugelegt, um sich an dem berühmten spani-schen Nationalgericht zu versuchen. Zumeist landet dieses praktische Kochutensil hinterher im Keller und wird nie mehr benutzt.

Dabei ist die Paellapfanne das ideale Kochgeschirr, um so manches Problem zu lösen, das sich bei der Zubereitung von leckeren Beilagen ergibt. In der Regel wird ja der Platz auf dem Grill von den Fleischstücken belegt. Das lässt nur wenig Raum für etwa in der Folie gegartes Gemüse, eine Bratpfanne oder gar einen Kochtopf.

Wir eröffnen also mit der Paellapfanne einfach einen zwei-ten Kochschauplatz auf einem Feuer, dem Schwenkgrill oder dem Dreibein. Auf diese Weise erweitern wir unsere Möglichkeiten zum leckeren Draußengrillen enorm! Darüber hinaus können die unterschiedlichen Garzeiten von Grillgut und Beilagen wesentlich einfacher koordiniert werden. Man kann so größere Mengen zubereiten, denn letztendlich wird ja nicht allein gegrillt, sondern gemeinsam mit Freunden, der Familie oder wem auch immer.

Beim Kauf einer Paellapfanne sollte man sich für ein eher größeres Modell entscheiden. 60 oder auch 70 cm Durch-messer sind ein gutes Maß. Zum Kochen von Reis als Beilage ist ein kleineres Modell von etwa 40 cm für 8–10 Personen besser geeignet.

# BEILAGEN AUS DER PAELLAPFANNE
## MAULTASCHEN MIT GESCHMÄLZTEN ZWIEBELN

**ZUBEREITUNGSZEIT**

**CA. 2,5 STUNDEN**

**ZUTATEN FÜR CA. 50 MAULTASCHEN**

**TEIG**

500 g Weizenmehl (Type 405)

4 Eier

1 gestr. TL Meersalz

**FÜLLUNG**

4 Brötchen vom Vortag

150 ml warme Milch

1 große Zwiebel

100 g Bauchspeck

(Veggie: z. B. Pinienkerne)

1 EL Butter

300 g Blattspinat

1 Bund Petersilie

300 g feines Bratwurstbrät (vom

Metzger, evtl. rohe, feine Bratwürste

ausdrücken)

(Veggie: 200 g Blattspinat,

100 g Ricotta)

4 Eier

Muskat

Meersalz

Maultaschen sind eine großartige Beilage zu geschmortem Fleisch und auch ein prima Hauptgericht mit Salat oder Grillgemüse. Die Herstellung ist zwar nicht schwer, dauert aber ein Weilchen, weshalb wir lieber direkt ein paar mehr machen. Zu Hause vorbereitet und in Folie eingeschweißt, sind sie eingefroren jederzeit verfügbar und mit Sicherheit eine willkommene Abwechslung beim Grillen.

**ZUBEREITUNG** Aus Mehl, Eiern, Salz und etwas warmem Wasser einen geschmeidigen Teig herstellen, in Frischhaltefolie einpacken und 45 Minuten in den Kühlschrank legen. In der Zwischenzeit die Brötchen fein zerkleinern und in einer großen Schüssel mit der warmen Milch einweichen.

Für die Füllung sind zwei Varianten möglich: eine grobe und eine feine. Für die grobe Füllung: Zwiebel schälen, sehr fein würfeln, Bauchspeck ebenfalls würfeln, glasig in Butter anschwitzen. Blattspinat waschen, kurz in reichlich Salzwasser blanchieren und abtropfen lassen. Spinat und Petersilie sehr fein hacken. Für die feinere Variante: Spinat und Petersilie mit Zwiebeln und Speck durch einen Fleischwolf drehen. Masse mit Bratwurstbrät, 3 Eiern und eingeweichten Brötchen intensiv vermengen, mit Muskat und Salz abschmecken.

WEITERE ZUTATEN SOWIE FORTSETZUNG DER ZUBEREITUNG AUF DER NÄCHSTEN SEITE

# MAULTASCHEN MIT GESCHMÄLZTEN ZWIEBELN

FORTSETZUNG ZUBEREITUNG

**WEITERE ZUTATEN**

3 l Gemüsebrühe

10 große Zwiebeln

2 EL Butterschmalz

1 TL Kümmel

gehackte Petersilie oder Schnittlauchröllchen

**WERKZEUGE**

Küchenwaage

Rührschüssel

Muskatreibe

Nudelholz oder Nudelmaschine

scharfes Messer

4–5 saubere Küchenhandtücher

großer Kochtopf (4 l)

Für vegetarische Maultaschen statt des Bratwurstbräts insgesamt 500 g Spinat verarbeiten (statt 300 g) und 100 g Ricotta untermengen. Statt des Bauchspecks z. B. angeröstete Pinienkerne verwenden oder den Speck einfach weglassen.

Den Teig portionsweise sehr dünn zu ca. 10 cm breiten und 40 cm langen Bahnen ausrollen. 1 Ei vom Eigelb trennen, das Eiweiß mit 3 EL Wasser vermischen. Jeweils 1 guten EL von der Füllung im Abstand von ca. 4 cm auf eine Teigbahn legen. Zwischenräume und Ränder der Teigbahn dünn mit Eiweiß bestreichen und alles mit einer zweiten Teigbahn bedecken. Zwischenräume und Ränder leicht andrücken, mit einem scharfen Messer einzelne Maultaschen abtrennen und diese auf ein ausgebreitetes Küchentuch legen.

Sind alle Maultaschen hergestellt, einen Kochtopf mit Gemüse-brühe zum Sieden bringen und darin jeweils ca. 6 Maultaschen etwa 10 Minuten gar ziehen lassen. Entweder die Maultaschen gleich essen oder abgekühlt in Portionen à 4 Stück mit einem Vakuumierer einschweißen und für einen späteren Zeitpunkt einfrieren.

Für die Paellapfanne die vakuumierten Maultaschen in der Folie im Wasserbad auf dem Feuer erhitzen. 10 Zwiebeln schälen und in Ringe schneiden. Butterschmalz erhitzen, 1 TL Kümmel darin anrösten. Zwiebelringe dazugeben, bei guter Hitze weiterrösten. 5 Minuten vor Ende die Maultaschen dazugeben und mit den Zwiebeln vermengen. Mit etwas gehackter Petersilie oder Schnittlauchröllchen servieren.

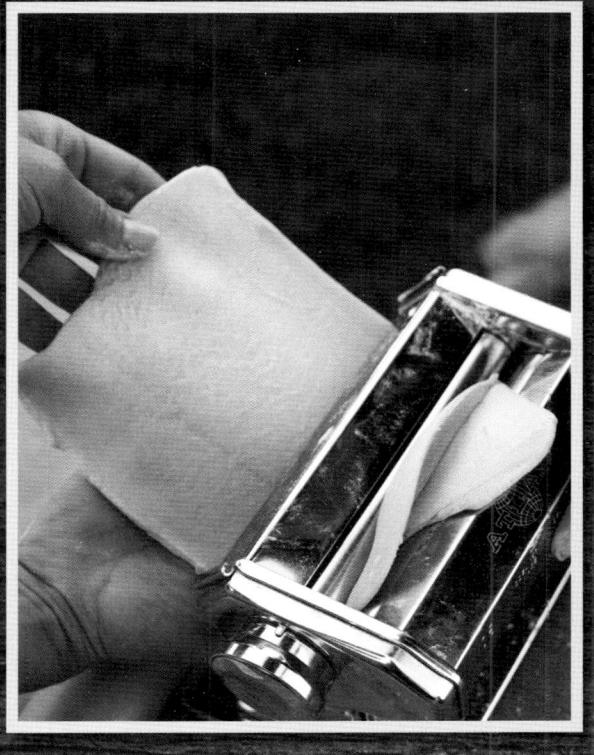

NUDELMASCHINEN WOLLEN AUCH
MAL FRISCHLUFT SCHNUPPERN.

BEILAGE ODER
ZWISCHENGANG –
JE NACH APPETIT!

# BEILAGEN AUS DER PAELLAPFANNE
# REIS MIT ERBSEN

**ZUBEREITUNGSZEIT**
**CA. 25 MINUTEN**

**ZUTATEN FÜR 8–10 PORTIONEN**
8 EL Olivenöl
1 kg Langkornreis
2,5 l Gemüsebrühe
300 g TK-Erbsen
1 Bund Petersilie

**WERKZEUGE**
Paellapfanne (ca. 40 cm)
Pfannenwender
Grillhandschuhe

**ZUBEREITUNG** Eine mittelgroße Paellapfanne (40 cm) nicht zu stark erhitzen. Das Olivenöl in die Pfanne geben und den trockenen Reis kurz anrösten. Mit Gemüsebrühe angießen und gut umrühren. Die Flüssigkeit sollte leicht köcheln. Ist die Hitze zu stark, die Glut etwas verteilen. Ist sie zu schwach, einige dünne, schnell anbrennende Holzspalten nachlegen. Reis jetzt nicht mehr rühren. Wenn der Reis gequollen und keine Flüssigkeit mehr auf der Oberfläche zu sehen ist, Erbsen dazugeben (nicht rühren). Mit einer Gabel kontrollieren, wie viel Gemüsebrühe verdampft ist. Sollte der Reis noch nicht ganz gar sein, etwas Flüssigkeit nachgießen. Der Reis sollte ruhig ein wenig (!) am Pfannenboden anrösten, das gibt eine sehr leckere Kruste. Wenn der Reis fertig ist, Paellapfanne vom Feuer nehmen. Die Petersilie waschen, trocken schütteln, klein schneiden und über den Reis geben.

# BEILAGEN AUS DER PAELLAPFANNE
## GEMÜSEPFANNE

**ZUBEREITUNGSZEIT**

**CA. 30 MINUTEN**

**ZUTATEN FÜR 6–8 PORTIONEN**

1–2 Fenchelknollen

1 Kopf Brokkoli

2 Paprikaschoten

2 Zucchini

4 Karotten

1 gute Handvoll Zuckerschoten

frischer Ingwer

1 Chilischote (oder mehr, je nach Geschmack)

3 Knoblauchzehen

2 EL Butterschmalz

frischer Thymian

Meersalz, Pfeffer aus der Mühle

Saft von 1 Zitrone

Olivenöl

**WERKZEUGE**

scharfes Messer

Paellapfanne (ca. 40 cm)

Pfannenwender

Grillhandschuhe

**ZUBEREITUNG**  Gemüse waschen, Fenchel der Länge nach achteln, Brokkoli in kleine Röschen zerlegen. Paprikaschoten halbieren, die Kerne entfernen, in längliche und nicht zu schmale Streifen schneiden. Zucchini in mundgerechte Stifte schneiden, das weiche Innere mit den Kernen entfernen. Karotten schälen und in Stifte schneiden. Zuckerschoten putzen, dabei auch die harten Fäden entfernen (ggf. mit einem Sparschäler), anschließend in Rauten schneiden. Ingwer schälen und fein hobeln oder schneiden. Chilischoten putzen, eventuell Kerne entfernen und fein schneiden. Knoblauchzehen schälen und ebenfalls fein schneiden.

Das Butterschmalz in der Pfanne erhitzen und Fenchelstücke scharf anbraten, bis sie gut Farbe angenommen haben. Ein bisschen dunkler schadet nicht – im Gegenteil! Karotten dazugeben und 3 Minuten mit anrösten. Restliche Gemüsesorten dazugeben, unter häufigem Wenden einige Minuten heiß anbraten. Die Gemüse sollen knackig bleiben und dürfen nicht zerfallen. Ingwer, Chili, Knoblauch und vom Zweig gezupfte Thymianblätter dazugeben. Mit Salz und Pfeffer abschmecken. Alles gut durchmengen und vom Feuer nehmen. Mit Zitronensaft und Olivenöl beträufeln und servieren.

# BEILAGEN AUS DER PAELLAPFANNE
## SPINAT MIT CHILI UND KNOBLAUCH

**ZUBEREITUNGSZEIT**

**CA. 20 MINUTEN**

**ZUTATEN FÜR 6–8 PORTIONEN**

1 kg frischer Blattspinat

4 Knoblauchzehen

2 Chilischoten

6–8 EL Olivenöl

Meersalz, Pfeffer aus der Mühle

Saft von 1 Zitrone

**WERKZEUGE**

scharfes Messer

Paellapfanne (ca. 40 cm)

Pfannenwender

Grillhandschuhe

Dieser Spinat gehört zu meinen absoluten Lieblingsbeilagen! Er ist schnell zubereitet und schmeckt fantastisch. Gibt es gerade keinen frischen Spinat, kann man auch problemlos TK-Blattspinat verwenden – Blattspinat, keinen Rahmspinat! Auch eine Variation mit Weißkohl, Wirsing oder Chinakohl ist sehr lecker. Hierbei muss der Kohl aber etwas länger und schärfer angebraten werden als der Spinat. Einfach mal ausprobieren! Geht natürlich auch wunderbar zu Hause in der Pfanne.

**ZUBEREITUNG**   Blattspinat gründlich waschen und von den Stielen befreien. Knoblauchzehen schälen, Chilischoten putzen, beides fein schneiden. Olivenöl in der Paellapfanne erhitzen. Chili und Knoblauch in die Pfanne geben, sehr kurz (8–10 Sekunden) anrösten, dann Spinat dazugeben und unter ständigem Wenden ca. 3 Minuten zusammenfallen lassen. Salzen, pfeffern, mit Zitronensaft beträufeln und servieren.

# GRATINIERTER FENCHEL MIT SCHAFSKÄSE UND CHILI

**ZUBEREITUNGSZEIT**

**CA. 45 MINUTEN**

**ZUTATEN FÜR 4 PORTIONEN**

2 Fenchelknollen

Meersalz

3 Knoblauchzehen

Saft von 1 Zitrone

200 g Schafskäse

1–2 rote Chilischoten

½ TL frische Thymianblätter

3 EL Olivenöl

Pfeffer aus der Mühle

**WERKZEUGE**

Gemüsehobel oder scharfes Messer

Auflaufform oder Gusseisenpfanne

mit Deckel oder flacher Dutch Oven

evtl. Holzkohlebriketts

Knoblauchpresse

Eine tolle Vorspeise oder Zwischenmahlzeit – schnell zubereitet, appetitanregend und lecker! Zudem auch noch gesund. Eine flache Gusseisenpfanne mit passendem Deckel zum Auflegen von Kohlen wäre hier das ideale Werkzeug. Aber ein flacher Dutch Oven tut es auch. Zu Hause im Ofen nimmt man einfach eine feuerfeste Form.

**ZUBEREITUNG**   Fenchel putzen (der harte Strunk in der Knolle kann bleiben), ca. 2 mm dick hobeln oder schneiden, in eine Auflaufform oder einen flachen Dutch Oven schichten und salzen. Knoblauchzehen schälen und darüberpressen. Alles mit Zitronensaft beträufeln. Schafskäse zerbröckeln, auf den Fenchel geben. Chilischoten waschen, fein hacken (ggf. vorher Kerne entfernen) und mit den Thymianblättern über den Fenchel streuen. Alles mit Olivenöl übergießen, leicht salzen und pfeffern. Bei Verwendung von einem Dutch Oven bzw. einer Gusseisenpfanne mit Deckel 6 Kohlen unter den Topf und 17 Kohlen auf den Deckel legen, 30 Minuten backen. Alternativ im Ofen ca. 30 Minuten bei 200 °C ohne Deckel backen, bis der Schafskäse gut gebräunt ist. Dazu Weißbrot, Baguette oder Ciabatta reichen.

KOCHE NICHTS, WOZU ES
KEINE STORY GIBT!

# KOCHKÄSE MIT MUSIK

**ZUBEREITUNGSZEIT**

**CA. 30 MINUTEN**

**ZUTATEN FÜR 4–6 PORTIONEN**

**KOCHKÄSE**

200 g Handkäse (alternativ Harzer)

100 g Butter

2 gestr. TL Natron

500 g Magerquark

Meersalz

1–2 TL Kümmel

**MUSIK**

4 Zwiebeln

4 EL Apfel- oder Weißweinessig

3 EL Pflanzenöl

1 Prise Salz

1 Prise Paprikagewürz

**WERKZEUGE**

Topf (ca. 3 l)

passende Blechschüssel

Schneebesen

kleine Schüssel

Im schönen Odenwald gehören Handkäse und Kochkäse zur Pflicht-ausstattung auf den Speisekarten der urigen Landgasthöfe. Die pure Einfachheit einer Scheibe knusprigen Bauernbrots mit frischer Landbutter und dem Käse darauf zieht auch immer wieder Besucher aus den umliegenden Städten in die grünen Hügel des Odenwalds. Dort kann man es sich bei einem Glas Äbbelwoi so richtig gut gehen lassen. Viele Odenwälder Wirtschaften machen ihren Kochkäse selbst – und so gibt es unterschiedliche Varian-ten, die sich in Cremigkeit, Farbton und Würzigkeit unterscheiden. Ein gängiges Rezept ist hier aufgeführt. Das kann übrigens auch auf der Feuerstelle problemlos zubereitet werden. Ein traditionel-les Rezept aus dem Odenwald, das mit Schichtkäse hergestellt wird, funktioniert tatsächlich nur noch mit dem Schichtkäse aus der Molkerei Hüttenthal, der nach ursprünglicher Art hergestellt wird. Wer also mal im Odenwald unterwegs ist, sollte unbedingt einen Abstecher nach Hüttenthal machen und sich mit den groß-artigen Produkten dieser tollen Molkerei eindecken. Zum Handkäse und Kochkäse darf natürlich die „Musik" nicht fehlen. Dabei handelt es sich um eingelegte Zwiebeln, die separat oder direkt auf dem Käse serviert werden. Damit kommt eine Saftigkeit ins Spiel, die ihresgleichen sucht! Und was mit der „Musik" gemeint ist, weiß man spätestens, wenn man auf den frischen Kümmel beißt, der für eine bessere Bekömmlichkeit der allgemein als blähungsfördernd bekannten Zwiebel sorgt.

**ZUBEREITUNG KOCHKÄSE** Den Handkäse mit Butter und Natron im Wasserbad langsam schmelzen lassen. Magerquark dazugeben und unter ständigem Rühren erhitzen, bis eine glatte Masse entstanden ist. Salz und Kümmel dazugeben, unterrühren, Schüssel aus dem Wasserbad nehmen und abkühlen lassen. Mit frischem Bauernbrot, Butter, Musik, Kümmel und einem Glas Apfelwein servieren.

**ZUBEREITUNG MUSIK** Zwiebeln schälen, in dünne Ringe schneiden oder würfeln, in eine kleine Schüssel geben. Zwiebeln mit Essig, Öl, Salz und etwas Paprikagewürz vermengen und abgedeckt mindes-tens 30 Minuten ziehen lassen. Kann auch am Vortag zubereitet werden, dann sind die Zwiebeln richtig durchgezogen!

MUSIK IST STETS EINE DER

# TEELICHT-SOUS-VIDE

**ZUBEREITUNGSZEIT**

**CA. 1,5 STUNDEN**

**ZUTATEN FÜR 1 STEAK**

1 gutes Rindersteak (z. B. Rumpsteak,
Entrecote, ca. 300 g, 30 mm dick)
2–3 Knoblauchzehen
Meersalz, Pfeffer aus der Mühle
1 TL Butterschmalz

**WERKZEUGE**

Kochtopf (ca. 2 l) mit Deckel
Vakuumierer und Vakuumbeutel
2 Teelichter
Stövchen o. Ä. (ca. 8 cm hoch)
genaues Thermometer
(z. B. Bratenthermometer)
Bratpfanne

Vom trendigen Sous-vide-Verfahren (sous-vide = unter Vakuum) hat der eine oder andere sicher schon gehört. Dabei geht es in erster Linie darum, Lebensmittel bei ihrer perfekten Kerntemperatur langsam im Wasserbad zu garen. Besonders Fisch und Fleisch bleiben bei dieser Methode unglaublich saftig, ihr Eigengeschmack wird wunderbar erhalten. Das Ganze ist allerdings auch mit einem gewissen technischen Aufwand verbunden. So benötigt man neben einem Vakuumierer auch ein Sous-vide-Gargerät, das sich vielleicht nicht jeder gleich anschaffen möchte. Meine Methode funktioniert ohne Gargerät und kann, sofern man das Fleisch schon zu Hause eingeschweißt hat, auch ohne Elektrizität praktiziert werden.

**ZUBEREITUNG**  Topf zu ¾ mit Wasser füllen und zunächst auf dem Feuer oder Herd auf ca. 55 °C erhitzen. Steak ungewürzt so im Beutel vakuumieren, dass es ganz unten liegt. Ein Teelicht in das Stövchen stellen. Topf vom Herd oder Feuer nehmen und auf das Stövchen setzen. Steak in den Topf geben und etwa 80 Minuten (je nach Dicke) garen. Es kommt hier nicht auf die Minute an: Da bei Kerntemperatur gegart wird, ist ein Übergaren nicht möglich. Sobald das kalte Steak in das heiße Wasser gelegt wird, fällt die Temperatur um etwa 5 °C auf 50 °C ab. Die Temperatur muss nun mithilfe des Thermometers auf 50 °C gehalten werden, was sich sehr einfach mit dem Deckel regulieren lässt: Ist der Deckel ganz aufgelegt und der Topf verschlossen, steigt die Temperatur auf ca. 58 °C. Wird der Deckel ganz abgenommen, fällt die Temperatur sehr langsam um etwa 10 °C ab. Um 50 °C zu halten, muss der Deckel etwa zur Hälfte aufgelegt werden. Ist die Temperatur zu niedrig,

**FORTSETZUNG ZUBEREITUNG NÄCHSTE SEITE**

GARTEMPERATUREN FÜRS STEAK:
BLUTIG: 40-45 °C
ROSA: 50-55 °C
DURCH: 60-65 °C

**FORTSETZUNG ZUBEREITUNG**

für einige Minuten das zweite Teelicht unter den Topf stellen, bis die gewünschte Temperatur erreicht ist. Ein Teelicht reicht in der Regel aus, um die Temperatur zu halten – vorausgesetzt, die Raumtemperatur beträgt etwa 20 °C. Fertig gegartes Steak aus der Folie schneiden und trocken tupfen.

Eine Bratpfanne, am besten eine einfache, eingebrannte Eisenpfanne, gut erhitzen. Knoblauchzehen schälen, leicht zerdrücken. Steak salzen und pfeffern, Butterschmalz in die Pfanne geben. Ist das Butterschmalz richtig heiß, Knoblauchzehen in das Fett geben und Steak auf beiden Seiten max. 1 Minute braten. Dabei mit einem Löffel immer wieder mit heißem Fett übergießen. Steak aus der Pfanne nehmen und anrichten. Keine Panik, wenn das Steak nach dem Anschneiden wie durchgebraten aussieht! Es ist lediglich sehr gleichmäßig gegart, aber auf den Punkt! Dazu passen eine selbst gemachte Kräuterbutter und Salat.

Und jetzt? Einfach 80 Minuten entspannen ...

DER ERFOLGREICHE SMOKER

DER SMOKER WIRD ZUM GRILL.

# SPARERIBS IM SMOKER

ZUBEREITUNGSZEIT
CA. 4–6 STUNDEN,
JE NACH FLEISCHDICKE

**ZUTATEN FÜR 8 PORTIONEN**

**SPARERIBS**

4 Spareribs oder dicke Rippen
(à ca. 1 kg)
Meersalz, Pfeffer aus der Mühle
3 EL Olivenöl
4–5 Lorbeerblätter

**BARBECUESOSSE**

3 EL Tomatenmark
80 ml Ketchup
100 ml Worcestersoße
30 ml Sojasoße
250 ml Olivenöl
200 g Honig
ca. 200 ml dunkles Bier oder Malzbier
1 EL Senf
2 gepresste Knoblauchzehen
ca. 2 TL getrockneter Oregano
ca. 3 TL getrockneter Thymian
2 EL rosa Pfefferbeeren
2 TL Cayennepfeffer
Meersalz

Schält man das Bauchfleisch eines Schweins von den Rippen, bleiben die Schälrippen übrig. „Übrig" heißt auf Englisch „spare" und deshalb heißen die Schälrippen dann Spareribs. Anders kann ich mir die Namensgebung dieses Barbecueklassikers nicht erklären – außer vielleicht noch damit, dass so ziemlich jeder etwas für die leckeren Rippchen übrig hat. Die klassische Zubereitung im heißen Rauch ist dann auch nichts anderes als das beliebte Garen bei Niedrigtemperatur, nur eben mit tollem Raucharoma. Das dauert zwar lange, die Spareribs werden aber zart und unvergleichlich saftig.

**ZUBEREITUNG** Spareribs ca. 1 Stunde vor der Zubereitung aus der Kühlung nehmen. Grill mit ausreichend Kohlen anheizen. Silbrige Haut auf der Innenseite der Spareribs mit einem spitzen Messer oder einem Schraubenzieher ablösen, das abgelöste Ende mit einem Küchentuch greifen und die Silberhaut abziehen. Für die Barbecuesoße alle Zutaten in eine Rührschüssel geben und anrühren. Dabei nicht gleich das ganze Bier in die Mischung geben, sondern schluckweise nur so viel, bis eine cremige, dickflüssige Soße entstanden ist. Rest des Bieres austrinken. 5–6 Handvoll Räucherchips neben dem Grill/Smoker bereitstellen.

Spareribs leicht salzen und pfeffern, mit etwas Olivenöl bestreichen und auf dem heißen Grill von allen Seiten kurz anbräunen. Spareribs herunternehmen und etwas abkühlen lassen. Etwa 1 l Wasser und Lorbeerblätter in die Wasserschale des Smokers (Barbecuesmoker oder Kombigerät) geben. Die Spareribs mit Barbecuesoße bestreichen. In den Smoker direkt über die Wasserschale legen oder besser noch aufrecht auf die Seiten stellen. 1 gute Handvoll Räucherchips auf die heiße Glut streuen und den Deckel schließen. Die Temperatur sollte etwa 100 °C bis 120 °C betragen.

## WERKZEUGE

Smoker oder Kugelgrill

Holzkohlebriketts

spitzes Messer oder

Schraubenzieher

Küchenhandtuch

Rührschüssel

5–6 Handvoll Räucherchips

Wer keinen Smoker zur Verfügung hat, benötigt einen Kugelgrill oder einen anderen Grill mit Haube. Hier werden die Spareribs indirekt gegrillt, d. h., die Kohlen werden auf die eine Seite des Grills geschoben und die Rippen kommen auf die andere Seite – das Fleisch wird also nicht direkt über die Kohlen gelegt, sondern daneben. Haube schließen und das Fleisch alle 30 Minuten wenden. Die Temperatur sollte 100 °C bis 120 °C betragen. Da bei dieser Methode nur der halbe Grillrost belegt wird, können nicht so große Mengen zubereitet werden – außer man nennt einen Riesengrill sein Eigen. Etwa stündlich 1 Handvoll Räucherchips nachlegen. Ausgeglühte Kohlen unter Verwendung des Anzündkamins erneuern.

Wenn das Fleisch nach etwa 4–5 Stunden so weich ist, dass man die Knochen einfach herausziehen kann, die Spareribs herunternehmen. Wer einen Smoker verwendet hat, baut diesen wieder zum Grill um. Spareribs nochmals dick mit Barbecuesoße bestreichen und kurz und heiß grillen. In Segmente schneiden und servieren.

---

Viele Grillfans wässern die Räucherchips, bevor sie zum Einsatz kommen. Das hat den Vorteil, dass die aromatischen Substanzen im Holz praktisch „ausgekocht" werden und auf das Grillgut übergehen. Bei schwacher Glut oder schlechten Holzkohlebriketts kann es allerdings auch passieren, dass der Grill von den feuchten Spänen gelöscht wird oder zumindest merklich abkühlt. Ich habe auch mit trockenen Chips sehr gute Erfahrungen gemacht. Trockene, entrindete, etwa daumendicke Äste von Obstbäumen eignen sich auch sehr gut als Räucherholz.

---

# RINDERBRATEN IM ERDOFEN

**ZUBEREITUNGSZEIT**
**CA. 10 STUNDEN**

**ZUTATEN FÜR CA. 20 PORTIONEN**
4 kg Weizenmehl (Type 405)
500 g einfaches Haushaltssalz
80 ml Öl
5 kg Rinderbraten
Meersalz, Pfeffer aus der Mühle
1 Kopf Weißkohl

**WERKZEUGE**
Spaten
Schaufel
trockene, faustgroße Steine
(etwa 30 Stück)
trockenes, hartes Feuerholz
(z. B. Eiche, Buche; etwa 50 Scheite
à 30 cm)
Nudelholz oder Weinflasche
evtl. Küchengarn
altes Bettlaken
Handfeger oder Bürste
Fleischgabel
Platte zum Anrichten

Zugegeben, es gibt wesentlich weniger aufwendige Methoden, Fleisch zu garen. Aber einen Braten zu vergraben und ihn 6–7 Stunden später wieder auszubuddeln, ist echt ein Riesenspaß! Darüber hinaus wird das Fleisch extrem zart und saftig, was die Mühe allemal wettmacht. Diese archaische Art der Zubereitung gibt es auf der ganzen Welt. In T. C. Boyles Buch „Wassermusik" wird sogar ein ganzes, mit Ziegen und Hühnern gefülltes Kamel im heißen Wüstensand der Sahara versenkt. Kein Witz, das funktioniert tatsächlich! Dauert nur etwas länger und man braucht ein wenig mehr Feuerholz. Reicht jedenfalls für 200 hungrige Kumpels! Mein Freund Marc bereitet auf diese Weise eine ganze Ziege zu – und das Ergebnis ist zum Niederknien lecker! Der Garzustand des Fleisches ist auch immer von der Hitze der Kohle, der Größe des Fleischstücks und der Dauer des Garens abhängig. So kann das Ergebnis vom butterweichen Braten, dessen Fleisch praktisch zerfällt, bis zum auf den Punkt gegarten, saftigen Roastbeef variieren. Wer auf Nummer sicher gehen will, steckt einfach ein Funk-Fleischthermometer in den Braten, das mit eingegraben wird. Die Kerntemperatur für Roastbeef sollte ca. 55 °C, die für durchgegarten Braten ca. 85 °C betragen. Dieses Rezept ist für ein saftiges Roastbeef.

**BAU DES ERDOFENS**  Mit Spaten und Schaufel ein Loch ausheben, das etwa 70 cm tief, 100 cm breit und 100 cm lang ist. Den Aushub in Reichweite lagern. Boden der Grube mit möglichst dicken, trockenen Steinen auslegen. Im Erdloch mit den Holzscheiten ein Feuer machen, weitere trockene Steine und die Holzscheite bis zum Rand aufschichten. Ein heißes, lebhaftes Feuer muss entstehen, das ca. 2,5–3 Stunden brennen soll. Sobald kaum noch Flammen aufsteigen und die Grube zu etwa ¾ mit Glut gefüllt ist, kann der Braten vergraben werden.

**FORTSETZUNG ZUBEREITUNG NÄCHSTE SEITE**

EIN LOCH GRABEN.
NIE OHNE BAULEITER!

FORTSETZUNG ZUBEREITUNG

**ZUBEREITUNG**   Mehl mit Salz, Öl und ca. 1 l Wasser vermischen und solange kneten, bis ein homogener Salzteig entstanden ist. Mit einem Nudelholz oder einer Weinflasche (Etikett vorher ablösen) so ausrollen, dass sich der Braten damit gut umhüllen lässt. Fleisch salzen und pfeffern. Weißkohl zerpflücken und das Fleisch in etwa 3 Schichten mit den größten Blättern einpacken (ggf. mit Garn umwickeln), sodass ein festes Paket entsteht. Der Kohl wird später nicht mitgegessen und dient nur als Schutzschicht zwischen Salzteig und Fleisch. Fleischpaket mit dem Salzteig umhüllen und mit den Händen und etwas Wasser dicht verschließen.

In der Grube heiße Glut zur Seite schieben, sodass ein großzügiges Loch in der Mitte der Glut entsteht. Es sollte etwas größer als das Bratenpaket sein. Etwas Sand oder Erde in das Loch schaufeln, auf dem Boden des Loches verteilen. Die Glut ist jetzt sehr heiß – es wäre praktisch unmöglich, das Bratenpaket einfach in das Glutloch zu legen.

Jetzt kommt das Bettlaken zum Einsatz, das in einen etwa 50 cm breiten und 2 m langen Streifen zerrissen wird. Bratenpaket in die Mitte des Streifens legen, sodass man es an den beiden langen Enden des Lakens hochheben kann. Bratenpaket so in die Feuergrube auf den Sand legen. Das Laken wird jetzt rauchen und Feuer fangen. Das ist kein Problem, einfach brennen lassen. Nochmals ein wenig Sand um das und auf dem Bratenpaket verteilen, sodass es ringsum etwa 1 cm von Sand umschlossen ist. Braten mit Glut und heißen Steinen bedecken und die komplette Feuergrube mit dem Aushub zuschaufeln.

Nach ca. 7 Stunden das inzwischen hart gewordene Bratenpaket ausgraben. Kohlestückchen und Sand mit einem Handfeger oder einer Bürste abfegen. Das Paket seitlich aufschneiden und den so entstandenen Teigdeckel abnehmen. Braten mit einer Fleischgabel herausnehmen, Kohlblätter entfernen, aufschneiden und servieren.

HIER WIRD GERADE EIN GEHEIMPLAN AUSGEHECKT, WIE MAN DEN AUSGEGRABENEN SCHATZ EROBERN KÖNNTE.

WIE AN WEIHNACHTEN! DIE
VERPACKUNG NICHT MITESSEN.

# SATÉ-WRAPS VOM TISCHGRILL

**ZUBEREITUNGSZEIT**

**CA. 40 MINUTEN**

**ZUTATEN (FÜR JEWEILS 4 WRAPS)**

**WRAPS**

200 g Weizenmehl

1 gestr. TL Meersalz

1 gute Prise Muskat

1 guter Schuss natives Olivenöl

(zusätzlich etwas Öl für die Grillplatte)

**MIT HUHN**

2 Hühnerbrüste

1 Chilischote

1 Knoblauchzehe

4 EL Sojasoße

½ gestr. TL Kurkuma

1 Msp. Kreuzkümmel

1 Msp. gemahlener Koriander

1 TL Sesamöl

Meersalz, Pfeffer aus der Mühle

1 Zucchini

Olivenöl

2–3 Tomaten

Sour Cream, Crème fraîche, Kräuter-

soße (S. 180) oder Knoblauchsoße

(S. 179)

1 Bund Koriander

1 Bund Petersilie

Wer einen Spieß einfach über die Glut halten will, wird etwas sehr schnell merken: Der Unterschied zwischen dem, was auf dem Spieß gegrillt werden soll, und dem, was den Spieß hält, nämlich die eigene Hand, ist nicht allzu groß.

Deshalb ist es besser, den Spieß auf zwei Steine zu legen, die das leckere Bratgut waagerecht über der Glut positionieren. Denkt man diesen Gedanken weiter, hat man einen Saté-Grill. Den meisten Menschen fällt bei dieser Art des Grillens sofort Asien ein, Thailand oder Indonesien. Tatsächlich gibt es aber auch hier mal wieder kein Copyright auf eine relativ naheliegende Idee – und so finden sich fast identische Spieße beispielsweise auch in der Türkei als Şiş Kebap und in Italien als Arrosticini. Auch der in Deutschland so beliebte Schaschlikspieß wurde ursprünglich nicht in Soße geschmort, sondern wie die Saté-Spieße über der Glut gegrillt. Das wird heute noch so in Russland und den angrenzenden Staaten gemacht.

Für unseren Saté-Grill verwenden wir unglasierte (!), trockene Blumentöpfe, die von ihren Maßen so gewählt sind, dass die Spieße gut darauf liegen können. Die Töpfe sind zudem zu etwa zwei Dritteln mit trockenen Steinen gefüllt, was einerseits viele Kohlen spart und andererseits den Tisch von Brandstellen verschont. Wäre der Topf ganz mit Kohlen gefüllt, wäre er ohnehin viel zu heiß, um davor ruhig sitzen zu können. Außerdem würde der Topf sicher Risse bekommen und wäre dann kaum noch zu gebrauchen. Mit den Steinen im Topf genügt uns eine einzige Schicht guter Holzkohlebriketts für viele, viele Spieße. Somit haben wir einen prima Tischgrill, der an kühlen Abenden zudem noch stundenlang Wärme spendet. Die Wraps kann man sehr gut auch am Vortag zubereiten und in Frischhaltefolie einwickeln, wodurch sie schön elastisch werden. Gekaufte Wraps sind notfalls auch in Ordnung, aber sie selbst zu machen ist doch einfach besser.

**ZUBEREITUNG NÄCHSTE SEITE**

# SATÉ-WRAPS VOM TISCHGRILL

**MIT KUFTA**

400 g Rinderhack (oder 250 g Rinderhack und 150 g Lammhack)

1 kleine Zwiebel

4 EL fein gehackte Petersilie

1 TL gemahlener Kreuzkümmel

½ TL Zimt

1 TL rosenscharfes Paprikagewürz

Olivenöl

Meersalz, Pfeffer aus der Mühle

4 Tomaten

1 Zwiebel

einige Blätter Blattsalat

Taboulé (S. 176, Alternative zur Salat-
füllung)

Saft von 1 Zitrone

scharfe Soße (S. 179)

**VEGGIE**

1 rote Paprikaschote

½ Gurke

4 Frühlingszwiebeln

200 g Frischkäse

Meersalz, Pfeffer aus der Mühle

Olivenöl

Kräutersoße (S. 180)

evtl. Rucolapesto (Alternative zur
Kräutersoße)

**TEIG FÜR WRAPS**  Mehl, Salz und Muskat gut miteinander vermengen. Öl hinzugeben – man schmeckt das Öl heraus, also am besten natives Olivenöl verwenden! Etwa 100 ml warmes Wasser hinzugeben. Je nach Qualität des Mehls kann die Wassermenge variieren! Das warme Wasser nur schluckweise dazugeben, mit einer Gabel verrühren, bis viele trocken aussehende Klümpchen entstanden sind. Dann erst mit den Händen weiterkneten, bis ein elastischer Teig entstanden ist. Wenn der Teig etwas zu trocken ist, kein Wasser dazuschütten, sondern nur die Hände mit Wasser benetzen. Das reicht meistens schon aus. Teig ca. 5 Minuten gut durchkneten, in Frischhaltefolie einwickeln und im Kühlschrank oder an einem kühlen, schattigen Platz 30 Minuten ruhen lassen. Fertigen Teig in 4 Stücke teilen und jeweils zu sehr dünnen Wraps ausrollen. Grillplatte moderat erhitzen und mit etwas Öl bestreichen. Teigfladen ca. 5 Minuten beidseitig ausbacken, ohne dass sehr dunkle Stellen entstehen. Die fertig gebackenen Wraps aufeinanderschichten und mit einem Teller abdecken. Das ist wichtig, da sie sonst zu trocken werden und sich nicht mehr einrollen lassen. Wraps abgedeckt mindestens 1 Stunde liegen lassen, dann zum Tisch bringen.

**BAU DES SATÉ-GRILLS**  Die Holzkohlebriketts zum Glühen bringen. Blumentopf etwas über die Hälfte mit trockenen (!) Kieselsteinen füllen. Eine Schicht Briketts gleichmäßig auf den Kieselsteinen verteilen. Der Abstand der Kohlen zur Oberkante des Topfes sollte etwa 6–8 cm betragen. Topf auf eine passende Unterschale stellen und auf dem Tisch platzieren.

**MIT HUHN**  Die Hühnerbrüste der Länge nach in schmale Streifen schneiden. Chilischote putzen und klein schneiden. Knoblauchzehen schälen. Aus Sojasoße, Kurkuma, Kreuzkümmel, Koriander, Sesamöl, Chilistücken, gepresster Knoblauchzehe, Salz und Pfeffer eine Marinade herstellen und die Hühnerbruststreifen für etwa 1 Stunde darin einlegen, während dieser Zeit kühl stellen. Nach dem Durchziehen Chilistücke nach Wunsch entfernen und die Hühnerstreifen leicht versetzt (mäanderartig) auf die Spieße stecken. Zucchini waschen, putzen und in etwa 4 cm lange Sticks schneiden, leicht mit Olivenöl ölen und aufspießen. Die Tomaten waschen und in dünne Scheiben

## CAPRESE

8 Kirschtomaten

2 Stücke Mozzarella

4 EL Pesto

frischer Basilikum

Fleur de Sel, Pfeffer aus der Mühle

Olivenöl

Balsamicocreme

## WERKZEUGE

2 Schüsseln

Nudelholz oder leere Weinflasche

Holzbrett

Grillplatte

Holzkohlebriketts

rechteckiger Blumentopf aus Ton, un-
glasiert und trocken (für 4 Personen)

passende Unterschale aus Ton

einige trockene Kieselsteine (etwa in
Eiergröße)

flache, eckige Bambusspieße

Knoblauchpresse (Hühnerfüllung)

feine Reibe (Kuftafüllung)

schneiden. Spieße auf den Grill legen. Hühnerspieße nicht zu lange braten, da sie sonst trocken werden. Wraps mit Sour Cream, Crème fraîche, Kräutersoße oder Knoblauchsoße bestreichen, salzen und pfeffern. Koriander und Petersilie waschen, trocken schütteln und klein hacken. Tomatenscheiben, Koriander und Petersilie auf den Wraps verteilen, gebratene Hühnerbrüste von den Spießen (je 2 der Wrap) abstreifen und darauflegen, ebenso gegrillte Zucchinisticks, ggf. salzen und alles einrollen.

**MIT KUFTA** Hackfleisch in eine Schüssel geben. Zwiebel schälen und fein reiben. 3 EL fein gehackte Petersilie dazugeben. Kreuzkümmel, Zimt, Paprikapulver, etwas Olivenöl, Salz und Pfeffer dazugeben und alles gut vermengen. Etwa 30 Minuten kühl ruhen lassen. Wenn das Hackfleisch zu warm ist, hält es nicht gut auf den Spießen! Dann Hackfleischmasse in dünne Rollen um die Spieße drücken, sozu-sagen die Spieße mit Hackfleisch einpacken. Nicht zu viel Hackfleisch nehmen, da die Kufta sonst auseinanderfallen könnte. Spieße auf den Saté-Grill legen, bis das Hackfleisch fest und schön braun geworden ist. Die Tomaten waschen und klein schneiden, Zwiebel schälen und in Ringe schneiden. Wraps mit gewaschenen Salatblättern, Tomaten-stücken, Zwiebelringen und restlicher Petersilie auslegen (alternativ mit Taboulé). Kufta darauflegen (2 Stück je Wrap), mit etwas Zitronen-saft beträufeln, scharfe Soße dazugeben und einrollen.

**VEGGIE** Die Paprikaschote waschen, putzen und in etwa 4 × 4 cm große Stücke schneiden, aufspießen und etwa 10 Minuten grillen. Gurke schälen, längs aufschneiden, Kerne entfernen und in nicht zu dicke Stifte schneiden. Frühlingszwiebeln auf Länge der Wraps schneiden und längs vierteln. Wraps mit Frischkäse bestreichen, Gurken, geröstete Paprika und Frühlingszwiebeln darauf verteilen, mit Meersalz und Pfeffer leicht würzen, mit Olivenöl beträufeln. Kräutersoße oder Rucolapesto dazugeben und einrollen.

**CAPRESE** Tomaten waschen und in Scheiben, Mozzarella in läng-liche Stifte (½ Mozzarella je Wrap) schneiden. Die Wraps mit Pesto bestreichen. Tomaten, Mozzarella und Basilikumblätter darauf ver-teilen, mit Fleur de Sel salzen, pfeffern. Abschließend mit Olivenöl und Balsamicocreme beträufeln und einrollen.

DIE FERTIGEN WRAPS

unbedingt richtig trocken sein, sonst können Risse entstehen. Risse im Blumentopf sind zwar ungefährlich, auch wenn es mal dramatisch knackt. Nasse Steine dagegen (z. B. Kieselsteine aus einem Fluss) entwickeln eine ernst zu nehmende Sprengkraft. Ich verwende Marmorkiesel aus dem Baumarkt – sie haben eine gute Größe, sind wiederverwendbar und garantiert trocken.

LOS GEHT'S! DIE GLUT HÄLT LOCKER 2 STUNDEN.

# TABOULÉ

**ZUTATEN FÜR 8–10 PORTIONEN**

100 g Bulgur

Meersalz

200 g glatte Petersilie

1 kleines Bund Minze

2 rote Zwiebeln

3 Tomaten oder 10 Cocktailtomaten

Saft von 3–4 Zitronen

gutes, natives Olivenöl

Pfeffer aus der Mühle

**WERKZEUGE**

Kochtopf

Schüssel (ca. 2 l)

**ZUBEREITUNG**   Bulgur in leicht gesalzenem Wasser kochen (Verhältnis 1 Tasse Bulgur auf 2 Tassen Wasser). Er sollte gar, aber noch bissfest sein. Petersilie und Minze fein hacken. Zwiebeln schälen und fein würfeln. Tomaten waschen und in kleine Würfel schneiden. Alles mit dem abgekühlten Bulgur vermengen. Mit Zitronensaft, Olivenöl, Salz und Pfeffer abschmecken.

SCHARFE SOSSE

KRÄUTERSOSSE

KNOBLAUCHSOSSE

SENF

# DIPS, SOSSEN UND CO.
## SCHARFE SOSSE

**ZUTATEN FÜR 15–20 PORTIONEN**

100 g frische Tomaten

6 scharfe Chilischoten (oder mehr,
je nach Geschmack)

1–2 Knoblauchzehen

1 TL Kümmel

200 g Tomatenmark

50 ml Olivenöl

Meersalz

**WERKZEUGE**

Mixer oder Pürierstab

Bratpfanne

**ZUBEREITUNG**  Tomaten waschen und klein schneiden. Chilischoten waschen und Stielansatz entfernen. Knoblauchzehen schälen. Den Kümmel ohne Fett in der Bratpfanne anrösten. Alle Zutaten bis auf das Olivenöl in den Mixer geben und auf mittlerer Stufe mixen. Das Olivenöl dazugeben, kurz mitmixen und mit Salz abschmecken.

## KNOBLAUCHSOSSE

**ZUTATEN FÜR 15–20 PORTIONEN**

10 Knoblauchzehen (oder mehr,
je nach Geschmack)

6 Eier

Saft von 1 Zitrone

Meersalz, Pfeffer aus der Mühle

ca. 400 ml Pflanzenöl (z. B. Sonnenblumenöl, Rapsöl etc.; kein Olivenöl,
die Soße wird sonst bitter)

**WERKZEUGE**

Mixer oder Pürierstab

**ZUBEREITUNG**  Die Knoblauchzehen schälen, zusammen mit Eiern, Zitronensaft, Salz und Pfeffer in den Mixer geben, ca. 10 Sekunden auf mittlerer Stufe zerkleinern. Während der Mixer weiterläuft, das Öl in dünnem Strahl dazugießen, bis eine eher flüssige Mayonnaise entstanden ist. Wer eine festere Mayonnaise bevorzugt, verwendet nur die Eigelbe.

# DIPS, SOSSEN UND CO.
## KRÄUTERSOSSE

**ZUTATEN FÜR 15–20 PORTIONEN**

6 Eier

Saft von 1 Zitrone

Meersalz, weißer Pfeffer

ca. 400 ml Pflanzenöl

je 1 Bund Petersilie, Schnittlauch,

Dill etc.

200 g Sauerrahm

**WERKZEUGE**

Mixer oder Pürierstab

**ZUBEREITUNG**   Zubereitung wie bei der Knoblauchsoße (S. 179), jedoch ohne Knoblauch. Die Kräuter nicht mitmixen, es sei denn, man mag grüne Soße – auch gut! Kräuter waschen, trocken tupfen und fein hacken. Zusammen mit dem Sauerrahm unter die fertige Soße rühren.

# SENF

**ZUTATEN FÜR 15–20 PORTIONEN**

200 g Senfkörner nach Geschmack

1 EL Meersalz

2 EL Honig oder Ahornsirup, brauner Zucker, Agavendicksaft

200 ml Essig nach Geschmack (z. B. Apfelessig, weißer Balsamico-Essig, Estragonessig)

150 ml Weißwein oder Wasser

2 EL Sonnenblumenöl oder anderes Öl nach Geschmack

(z. B. Olivenöl, Rapsöl, Distelöl)

**WERKZEUGE**

Kaffeemühle oder Mörser

kleine Rührschüssel

Gläser zum Abfüllen

Senf ist sehr einfach herzustellen: Körner mahlen, Flüssigkeit dazu, Öl, Salz, Zucker oder Honig rein, umrühren, fertig. Man sollte ihn aber noch ein paar Stunden ziehen lassen, damit sich alle Zutaten gut miteinander verbinden. Am besten schmeckt er aber – kühl, luftdicht und dunkel gelagert – nach etwa 2–3 Wochen. Für die Schärfe sind die unterschiedlichen Senfkörner verantwortlich: Braune und schwarze sind sehr scharf, weiße eher mild. Die Mischung macht's.

**ZUBEREITUNG**   Die Senfkörner in der Kaffeemühle oder im Mörser zu Senfmehl mahlen. Feines Mehl ergibt einen glatten, feinen Senf, gröberes Mehl einen groben Senf. Alle Zutaten mit dem Senfmehl vermengen und mit einer Folie abgedeckt im Kühlschrank 3 Stunden ziehen lassen. Gelegentlich durchrühren. In Gläser füllen, dunkel und kühl lagern.

# CHILIÖL

**ZUTATEN FÜR 4 PORTIONEN**

ca. 300 g scharfe, kleine Chilischoten
(z. B. Thai-Chilis)
1 Flasche einfaches Olivenöl (0,75 l)

**WERKZEUGE**

Kochtopf
Einmachglas (0,5 l)
Gabel

**ZUBEREITUNG**   Ein Einmachglas mit Deckel auskochen und trocknen lassen. Chilischoten waschen und gut abtrocknen, grünen Stielansatz entfernen. In einem Topf etwa die Hälfte des Olivenöls erhitzen (Temperatur ca. 160 °C), je nach Chilimenge. Die Chilischoten ins Öl geben und ca. 20 Minuten frittieren, bis sie dunkler, ein wenig transparent und schrumpelig werden. Je nach Chilimenge kann das auch etwas länger dauern. Alles ins Glas geben und mit einer Gabel die Luft herausdrücken. Erst mal noch offen stehen lassen, bis sich alles etwas abgekühlt hat. Noch gut warm verschließen und in den Kühlschrank stellen. Fertig.

---

Übrigens: Immer darauf achten, dass die Chilischoten gut mit Öl bedeckt sind, sonst schimmelt's. Sinkt der Ölstand, mit frischem Olivenöl nachgießen.

---

# IN ÖL EINGELEGTE CHILISCHOTEN

Wie scharf eine Chilischote zu sein hat, ist natürlich Geschmackssache, und welche Sorten zum Einlegen verwendet werden, muss jeder für sich selbst herausfinden. In Süditalien in der Campana und natürlich in Kalabrien gehört ein Glas mit in Öl eingelegten Peperoncini immer auf den Tisch. Diese Sorte, die es vornehmlich zur Pasta gibt, ist (für meine Begriffe) eher mittelscharf, sodass sich das fruchtige Aroma beim Draufbeißen mit dem der Pasta vereint, ohne einen gleich zum Weinen zu bringen. Grandios! Die Chilischoten verlieren durch das Salzen und Ausdrücken sehr viel Wasser, wodurch sie erst so lange haltbar werden. 1 Kilogramm Chilischoten ergibt deshalb gerade mal etwa ein Glas von ca. 0,5 l Inhalt. Das Schneiden der Schoten ist eine zeitaufwendige Angelegenheit. Meine Tante Rosa schneidet die vielen Peperoncini übrigens mit einer Schere klein. Das geht schneller und die Hände kommen nicht so sehr mit den scharfen Säften der Schoten in Kontakt, die sich nicht gut mit Wasser und Seife wieder abwaschen lassen. Ich empfehle Latexhandschuhe. Das Einlegen von Thai-Chilis, die übrigens auch sehr gut auf dem Balkon oder Fensterbrett gedeihen, ist wesentlich einfacher. Diese kleinen Teufel geben durch das Rösten im Öl einen großen Teil von ihrer Schärfe an das Öl ab. Wer nicht in der Stimmung ist, die ganzen Schoten mitzuessen, wird auch mit ein paar Tropfen Öl glücklich.

## ZUTATEN

**(FÜR CA. EIN 0,5-LITER-GLAS)**

1 kg rote Chilischoten, mittelscharf, süß und aromatisch

4 EL Meersalz

600 ml einfacher Weißweinessig

1 Flasche einfaches Olivenöl (0,75 l)

## WERKZEUGE

scharfes Messer oder Schere

Latexhandschuhe

Schüssel

sauberes Küchenhandtuch

Kochtopf (ca. 2 l)

Einmachglas (für insgesamt ca. 0,5 l Inhalt)

Gabel

**ZUBEREITUNG** Chilischoten waschen und gut abtrocknen. Mit Messer oder Schere samt Kernen in Ringe schneiden, ca. 8 mm breit oder nach Belieben. Hierbei unbedingt Latexhandschuhe tragen! Die Schärfe hält sich sonst für Tage an den Händen. Chiliringe in eine Schüssel geben und ordentlich einsalzen, etwa so, wie man Erdbeeren gut zuckern würde. 2 Stunden mit einem Küchentuch abgedeckt stehen lassen, ab und zu das entstehende Chiliwasser abgießen.

Einmachglas mit Deckel auskochen und trocknen lassen. Nach etwa 2 Stunden ein sauberes Küchentuch über einer kleinen Schüssel ausbreiten und etwa 2 Handvoll Chiliringe in die Mitte legen. Das Tuch zu einem Knebel formen und so fest es geht ausdrücken. Wenn man alles richtig gemacht hat, rascheln die Chiliringe jetzt ganz leicht und ihr Volumen hat sich etwa halbiert. Einen kleinen Topf mit Essigwasser aufsetzen, im Verhältnis von einem Drittel Essig und zwei Dritteln Wasser. Chiliringe etwa 20 Sekunden im kochenden Essigwasser blanchieren. Chiliringe in das trockene, saubere Einmachglas füllen, ein wenig pressen. Olivenöl bis zum Rand draufgießen. Mit einer Gabel pressen, damit die Luftblasen rausgehen, verschließen und in den Kühlschrank stellen. Fertig.

# VORSICHT!

Hier einige Punkte, die beim Umgang mit offenem Feuer beachtet werden sollten:

- Feuer nie in brandgefährdeter Umgebung anlegen.
- Heftigen Funkenflug vermeiden.
- Vorsicht mit leicht brennbarer Kleidung, Schlafsäcken, Decken, Zelten etc.
- Das Feuer nie unbeaufsichtigt lassen.
- Ausreichend Löschmaterial bereitstellen, z. B. Sand, Wasser, Schnee, Erde oder einen Feuerlöscher.
- Ölbrände niemals mit Wasser löschen – das ist lebensgefährlich! Hierzu mehr im Kapitel „Outdoor-Pommes".
- Bei Waldbrandgefahr sind offene Feuer verboten!
- Wird der Lagerplatz verlassen, muss das Feuer gründlich gelöscht werden – es dürfen keine glühenden Teile mehr vorhanden sein. Am besten zusätzlich mit Sand oder Erde abdecken.
- Keine nassen Steine (z. B. aus einem Fluss) in oder um das Feuer legen. Dadurch besteht Explosionsgefahr!
- Keine lackierten oder mit Lasuren behandelten Bretter für das Feuer benutzen; sie sind giftig.
- Keine Kunststoffe, Reifen etc. verbrennen – das ist nicht nur giftig, sondern auch umweltschädigend.
- Vorsicht bei stark ausgetrockneten Grasböden! Das Feuer bzw. die Glut kann sich unterirdisch ausbreiten. Deshalb ist es empfehlenswert, einen Graben rings um das Feuer anzulegen.
- Etwaige Brandbeschleuniger wie Spiritus, Lampenöl, Grillanzünder etc. in sicherer Entfernung vom Feuer lagern.
- Keine Brandbeschleuniger ins offene Feuer spritzen oder gießen.
- Kein Feuer direkt unter Bäumen entzünden. Laub und Äste können sich entzünden und die Baumwurzeln werden geschädigt.
- Kleine Kinder nie unbeaufsichtigt am Feuer lassen. Der Spieltrieb ist groß und irgendetwas anzuzünden, macht einfach zu viel Spaß.
- Beim Frittieren mit Öl Kinder möglichst vom Feuer fernhalten.

UNSERE SPEZIELL AUSGEBILDETE
WACHHÜNDIN EFJE HAT STETS
EIN AUGE DARAUF, DASS ALLE
SICHERHEITSMASSNAHMEN EIN-
GEHALTEN WERDEN.

# DANKE

Mein Dank geht zuallererst an meine liebe Angela für ihre kompetente Hilfe und Unterstützung – nicht nur bei diesem Buch. Ich danke Anne und Marek, auf die man sich immer verlassen kann, Katja und Peter für lustige Testrunden in Burig, Beri und Iris für ihren tollen Einsatz, Marc für gute Rezeptideen, Experimentierfreude und alte Freundschaft, meiner Mutter, die immer für mich da ist, Silvia und Maren fürs Daumendrücken, Jörk, Axel und Felix von RSG für viel Verständnis während der zeitaufwendigen Schreibphase, Gersom, Auge, Bolle und Olaf von meiner Band „Auge Blau" für geduldiges Probenverschieben, Hubertus für die schönen Bilder, Tobias, Benedikt, Tim und Christoph für ihre Hilfe dabei, Arlett, Rüdiger, Bernhard, Dortje, Antje, Kai, Lupe, Julie, Madeleine, Lucas und Leon fürs Mithelfen, Mitfeiern und Gutaussehen, Sabine und Doreen fürs professionelle Durchlesen und der guten Martina, die ich beim letzten Buch vergessen habe. Ganz besonders danke ich Ralf, Justyna, Katerina, Katharina, Ellen, Melanie, Johanna und allen anderen vom Becker Joest Volk Verlag.

DA MAN UNSEREN FOTOGRAFEN SONST JA
NIE AUF DEN FOTOS SIEHT, HIER EIN BLICK
HINTER DIE KULISSEN UND ÜBER DAS FELD.

# INDEX